早稲田教育ブックレット No. 24

高校古典における古文・漢文の融合的な学びを考える

表紙：阿倍仲麻呂詩碑（中国鎮江・北固山）　撮影：堀誠

はじめに

国立教育政策研究所が二〇〇五（平成十七）年度に全国規模で実施した「教育課程実施状況調査」の結果が二〇〇七（平成十九）年に報告され、「生徒質問紙調査」の「古文は好きだ」・「漢文は好きだ」の質問に対する「そうは思わない」・「どちらかといえばそう思わない」との否定的な回答をした生徒は、古文が七十二・六％、漢文が七十一・二％であり、二〇〇二（平成十四）年度調査における古文が七十四・八％、漢文が七十・五％と同様の数値が引き続いた。その七割を超えた古文嫌い・漢文嫌いの数値は、主要教科の理・数、外国語を押さえてトップでもあり、これをどう受けとめて国語教育、とりわけ古典教育を考えればよいのか、国語教育界に大きなショックと困惑を投げかけたことは記憶に新しい。翌二〇〇六年に六十年ぶりに改定された「教育基本法」第二条（教育の目標）第五項には、「伝統と文化を尊重」することが明記され、現行学習指導要領のもとで「伝統文化の教育」が重視され、国語科に関しては、小学校高学年に漢文の学習が盛りこまれ、高等学校では総合的な言語能力を育成する「国語総合」を共通必履修科目として、高校在学者の全員が古典教材を学ぶ新たな環境が生まれた。

こうした現在にいたる教育環境の中で、いわゆる「古典」を構成する古文と漢文に関して、どのような教材が採録され、それらがどのように学ばれているか。その現況を見つめる一方、古文と漢文との教材的な連携や融合的な学習の可能性などに関心を持ち続けてきた。早稲田大学教育総合研究所二〇一九年度一般研究部会「中・高国語科を中心とした古典（古文・漢文）の融合的学習教材の研究」は、実践教育の知見を借りながら、古典文法と漢文訓読法の連携的学習等を含めて、古文と漢文の融合的な学びをテーマに研究を展開しつつある。その活動は教育方法はもとより、教材の開発に連なる取り組みとも考えることができる。

折しも、現行の学習指導要領における「生きる力を育む」方針は、社会変化を見据えた新たな学びへの進化を目指して「生きる力　学びの、その先へ」を掲げた新学習指導要領（小学校：二〇一七年改訂、二〇二〇年度全面実施、中学校：二〇一七年改訂、二〇二一年度全面実施、高等学校：二〇一八年改訂、二〇二二年度年次進行実施）に引き継がれて移行する。「伝統や文化に関する教育の充実」のために、「小中：国語」が「古典など我が国の言語文化」を担うものとし、「現代の国語」「言語文化」「論理国語」「文学国語」「国語表現」「古典探究」に再編される高等学校国語科目では、「言語文化」「文学国語」「古典探究」が「我が国の言語文化に対する理解を深める学習の充実」に当たるとする。そこへの移行期にあって、現行教科書における「古典」の教材を教学的見地から見つめ直すとともに、将来の古典教育を展望する意図をもって、本ブックレットは企図されたものである。それぞれの論考がお読みいただいた方々の思考に何らかの提言を成し得るならば幸いである。

研究部会 主任

堀　誠

漢文学と清少納言、紫式部
―『枕草子』「雪のいと高う降りたるを」段を起点として―

福家　俊幸

一　はじめに

高校「国語」の学習指導要領改訂をいかに受け止め対応していくか。まさに喫緊の課題であり話題である。特に高校一年生の必修科目に「現代の国語」の導入と、それに伴う文学教材の減少の問題は巷間かしがましい議論を惹起しているが、古典に関わる科目編成も大きく変わろうとしている。一年生の必修科目として「現代の国語」と対になる「言語文化」が導入され、ここには古典のみならず、近代以降の文学教材も入る。さらに従来の選択科目「古典A」「古典B」の位置に「古典探究」という新しい科目が導入される。

このような科目編成のドラスティックな改変は当然のことながら、教科目標や内容も大きく変更されるということである。古典についても大きな変化があるが、特に「言語文化」という科目名からも明らかなように古典を現代との繋がりで理解するという観点は特筆されよう。過度な原文尊重や文法指導に留保する姿勢が示されつつ、一方で生徒の側が受身にならず、主体的に調べ考える学習が求められているように思われる。

『高等学校指導要領（平成三〇年告示）解説　国語編』[1]は今回の改定の大きさを物語るように、過去のものに比して大部のものであるが、その中の第一章「総説」第四節「国語科の内容」の「伝統的な言語文化」の項目を参看するに、以下のように書かれている。

> 中学校での学習を踏まえ、高等学校においても引き続き親しむことを重視するとともに、言語文化の担い手としての自覚が深められよう、我が国の言語文化の特質や、我が国の文化と外国の文化との関係について理解したり、古典に親しむために、作品や文章の歴史的・文化的背景、必要な文語のきまりや訓読のきまり、古典特有の表現などについて理解したりすることに重点を置いて内容を構成している。
>
> 言語文化の特質や、外国の文化との関係についての理解については、「言語文化」では、**我が国の言語文化の特質や我が国の文化と外国の文化との関係について理解すること**、（中略）「古典探究」では、**古典などを読むことを通して、我が国の言語文化の特質や、我が国の文化と中国など外国の文化との関係について理解を深める**ことを示している。

少し長い引用になったが、「親しむ」ことを重視する姿勢とともに、言語文化の特質を外国の文化との関係とくに中国との関係において理解を深める必要性が示されている。日本の言語文化が特に中国のそれと抜き差しならぬ関係の中で進展してきたことを思えば、その認識は当然のことと言えよう。

平安時代の女性貴族達は仮名文字を獲得することによって、仮名で物語や日記・随筆を書き、『枕草子』や『源氏物語』など日本文学史に冠たる作品を残した。平安貴族女性と言えば、長い黒髪と十二単とともに、連綿たるくずし字で仮名文字を書きつらねているイメージが共有されているのも、むべなるかなと思わせる。その一方で、清少納言も紫式部も漢籍に明るく、その文学の随所に漢籍の教養が溢れている。平安時代の貴族女性の和漢をめぐる微妙な関係性を学び考えることは、和漢が単純な対立関係にあるわけではないことを実感させる。また当時の貴族女性が漢文に対して一歩引いた接し方を余儀なくされていたことも、清少納言や紫式部の文学を考える上でも興味深い観点を示しているのではないだろうか。以下、この問題の国語教育的な可能性をめぐって卑見を述べたい。

二　引用の形

『枕草子』「雪のいと高う降りたるを」段は中宮（皇后）定子（正暦元年（九九〇年）中宮、長保二年（一〇〇〇年）皇后）と清少納言の主従関係を端的に示した章段であり、学校教材として広く採用されている。

雪のいと高う降りたるを、例ならず御格子まゐりて、炭櫃に火おこして、物語などして集まり候ふに、「少納言よ。香炉峰の雪いかならむ」と仰せらるれば、御格子上げさせて、御簾を高く上げたれば、笑はせ給ふ。

人々も「さることは知り、歌などにさへ歌へど、思ひこそよらざりつれ。なほ、この宮の人にはさべきなめり」と言ふ。(2)

この章段の魅力は、中宮定子の問いに対して、あえて漢詩の一節ではなく「御格子上げさせて、御簾を高く上げたれば」という行動で答えた清少納言の臨機応変な機知であろう。それに対して、定子は「笑はせ給ふ」と満足に笑う。例えば三省堂の精選古典B（改訂版）の教科書[3]では、この教材に続く「学習の手引き」に「一」の文法的な事項は略すとして、

二「笑はせ給ふ」とあるが、誰が、なぜ笑ったのか、説明してみよう。

三この話から、中宮に仕える女房はどのようにあるべきだという考えが読み取れるか、話し合ってみよう。

という課題が設定されている。中宮が笑ったのは、清少納言が自分の意図を正しく捉え、あるいはそれ以上の答えを返したためであろう。このことを目のあたりにした同僚女房達は、清少納言のような機知に富み、応用力をもった女房が中宮女房に相応しいと賞賛したのだった。

中宮定子と清少納言との問答の背景にあったのが『白氏文集』の「香炉峰下、新卜山居、草堂初成、偶題東壁」と題する詩の一節「遺愛寺鐘欹枕聴、香炉峰雪撥簾看」である。この白居易の漢詩文を中宮定子も清少納言もよく知っていて、主従の連携によって、このやり取りが成立していたのである。先に見た「学習の手引き」の特に「一」を解答するに際しても、主従が「香炉峰」の漢詩を共有していたことへの言及は必須であろう。本稿では、このやり取りが漢詩文に基づいていたことにさらにこだわってみたい。

この同じ漢詩は『大鏡』の時平伝にも踏まえられている（他に『源氏物語』総角巻にも踏まえた表現がある）。先に見た三省堂の精選国語Bの教科書にも「都府楼の鐘」という題名で教材化されている。

筑紫におはします所の御門固めておはします。大弐の居所は遙かなれども、楼の上の瓦などの、心にもあらず御覧じやられけるに、またいと近く観音寺といふ寺のありければ、鐘の声を聞こし召して、作らしめ給へる詩ぞかし、

都府楼《ハ》纔《わづカニ》看《みル》二　瓦《ノ》色《ヲ》一
観音寺《ハ》只《ただ》聴《ク》二　鐘《ノ》声《ヲ》一

これは、文集の、白居易の「遺愛寺鐘《ノハ》欹《そばだテテ》レ　枕《ヲ》聴《キ》、香炉峰雪《ノハ》撥《かかゲテ》レ　簾《すだれヲ》看《ル》」といふ詩に、まさざまに作らしめ給へりとこそ、昔の博士ども申しけれ。

菅原道真が太宰府に流罪になった折りに詠んだ漢詩を『大鏡』は紹介している。『大鏡』も記しているように、遺愛寺の鐘を観音寺の鐘に置き換えた、白居易の漢詩を踏まえた詠みぶりで、いかにこの漢詩が往時の日本人に愛好されていたかがうかがわれる。白居易の不遇意識に流罪の憂き目を見た道真は自らの思いを重ねていたのであろう。『大鏡』の、昔の学者達は道真の詠みようのほうが勝っていると申したという記述はご愛敬か。しかし唐国に憧れつつも本音の部分で勝っているという自負を抱いているのも、また海外の漢詩を利用して、自分の心情を述べる手段に変えているのも、当時の東アジアの漢字文化圏における日本人の立ち位置を示しているように見える。

道真は白居易の漢詩を踏まえる形で、同じ漢詩で自己の心情を詠んだ。それに対して清少納言は踏まえた漢詩の内容を身体表現で示したという点で、さらに元の漢詩の世界を換骨奪胎し、自家薬籠中のものにしているとも言える。香炉峰が眼前にあるかのように、清少納言は格子を上げ

させ簾をかかげるのである。同じ漢詩を踏まえながら、そこからあらわれたものの差異は大きい。もちろんこのような詩句世界の再現は極めて表層的なパフォーマンスで、定子や清少納言の白居易に対する理解が浅薄な証拠だとも言いうる。そう言うのはたやすい。しかし、この清少納言の振る舞いは和漢の対立意識を軽やかに越境しているように思われる。それがこの章段を現代まで読ませる原動力になっているのではないか。

一つの海彼の漢詩が平安時代の作品に二つの異なった形で変奏されていることは、さまざまなことを考える材料となるだろう。そこには漢詩文享受における男性と女性という性差の問題すら浮上するかもしれない。女性は基本的に漢詩文を作らないがゆえに、清少納言は漢詩の世界を軽やかなパフォーマンスで示すことができたようにも思われる。現代の高校生が二つの引用の形を読んで、どのような感想を持つか、聞いてみたい気がする。

三　清少納言と紫式部

さて、清少納言が宮廷生活の中で漢籍の教養を発揮できたのも、他ならぬ皇后定子や周囲の人々の理解があったからであろう。定子の母高階貴子はかつて高内侍という高名な女房であり、漢詩文を作り、漢籍の教養でも知られた。その影響であろう、中関白家は漢籍に明るい家であった。定子の兄伊周もすぐれた漢詩人として知られ、例えばこれも教材として採り上げられることがある『枕草子』「大納言殿参り給ひて」の章段には、伊周が「声、明王の眠りを驚かす。」「遊子、なほ残りの月に行く」などと漢詩を朗詠する場面が優美に描かれている。そのような中関白家の雰囲気が「香炉峰の雪」をめぐる主従のやり取りを成立させていたのである。「この宮の人にはさべきなめり」という周囲の女房のことばには、機知に富んだ機転が主ではあろうが、清少納言が他の章段でも漢籍の教養に基づきつつ男性貴族達と丁々発止と渡り合ったことを踏まえれば、幾ばくかは漢詩文の教養も含まれていたのではないだろうか。

しかし、このような女性達の間で漢文学が正面切って享受されている定子サロンは例外的であったようである。

次の『土佐日記』冒頭部も高校古典の定番教材である。成立は『枕草子』よりも七十年くらい前だと推定される。

男もすなる日記といふものを、女もしてみむとてするなり。

ここで紀貫之は女性に仮託してこの作品を書き始めていた。男性官人が書く漢文で書かれた日記に対して、仮名で日記を書くために、我が身を女性に託したという説明がよくなされているところである。「男性＝漢字（真名）　女性＝仮名」などと板書され説明される。これは誤りではない。女性が漢詩を詠むことは先の高内侍のように皆無ではなかったが、よくあることではなかったし、例えば『源氏物語』の中で男性貴族達が漢詩を詠む場面はあっても、語り手は慎み深く、その場で詠まれた漢詩を語ることはなかった。『源氏物語』の語り手はその場に近侍した女房のような存在が仮構されたと考えられている。女性が漢詩文に直接言及するのを避ける風潮があったことを反映しているのである。

『枕草子』とほぼ同時代の『紫式部日記』はその機微を以下のように伝えている。

片つかたに、書ども、わざと置き重ねし人もはべらずなりにし後、手ふるる人もことになし。それらを、つれづれせめてあまりぬるとき、ひとつふたつひきいでて見はべるを、女房あつまりて、「おまへはかくおはすれば、御幸ひはすくなきなり。なでふ女が真名書は読む。むかしは経読むをだに人は制しき」と、しりうごちいふを聞きはべるにも（略）。

紫式部が亡き夫が残した漢籍の本を読んでいると、仕えている女房達が漢籍などを読んでいるから、お方様は幸薄いのだと影口を叩くという。どこまで忠実に再現された陰口なのかは別にしても、当時の通念として、漢籍を女性が読むことを忌む捉え方があったことは間違いない。『土佐日記』にあった性差（男・女）と文字（漢字・仮名）との関係からしても、このような考え方が根強く存在していたことは容易に想像がつく。

『紫式部日記』ではさらに紫式部が中宮彰子の配下として女房生活を送る中で、次のようなことを心がけていたことが記されていた。

それを、「をのこだに才がりぬる人は、いかにぞや、はなやかならずのみはべるめるよ」と、やうやう人のいふも聞きとめて後、一といふ文字をだに書きわたしはべらず、いとてづつに、あさましくはべり。読みし書などいひけむもの、目にもとどめずなりてはべりしに、いよいよ、かかること聞きはべりしかば、いかに人も伝へ聞きてにくむらむと、恥づかしさに、御屏風の上に書きたることをだに読まぬ顔をしはべりしを、

男でさえ、漢才をひけらかすような人は栄達しないということを聞いてからは、漢字の「一」という文字さえも書かないようにしていたし、屏風の上に書いてあった詩句なども読めないふり

をしていたというのである。これもいささか大仰な書きようではあるが、女性が漢文を書いたり読んだりすることに対する保守的な抵抗があって、それを紫式部が意識していたことが見えてくる[4]。それが中宮彰子付の女房集団のある種、保守的な雰囲気を反映していたと考えることができそうだ。いや、むしろこのような姿勢のほうが一般的だっただろう。

当時、女性が漢籍の教養を積極的に口にしていくのは例外的で、それゆえに斬新でもあったろう。清少納言はまさに新しい女房像として周囲から受け止められていたのではないだろうか。白居易の漢詩の世界を身体表現で示した清少納言の行動は、その新しさ故に、挑戦的に見えたに相違ない。定子と清少納言との主従の連携は開明的なサロンの雰囲気を象徴的に伝えていたのである。

しかし中関白家の栄華は長くは続かず、道長との政争に敗れた伊周は自滅の道を辿ることになる。漢才をもって知られた伊周の没落とそれに伴う定子後宮の不幸は、定子後宮が進歩的であればあるほど、そこに厳しい眼が向けられることになった。

『紫式部日記』が記していた漢才を表出させることへの過剰なまでの警戒は、中関白家の失墜以後の後宮の雰囲気を伝えていたように思われる。その後、後宮の中心の位置を占めた中宮彰子サロンが皇后（中宮）定子サロンとは異なり、保守的な姿勢をとったのも、中宮彰子の慎み深い性格も作用していただろうが、それ以上に定子サロンの後裔として独自性を出すためにも、またその反動としても、当然の選択であったと思われる。

しかし、人前で漢字を書き漢文を読むことを忌むことと、漢籍の教養を持っていることは同じではない。他ならぬ『源氏物語』が漢籍を踏まえた表現を多く持っていることも、単に紫式部が漢学者の娘として漢籍に詳しかったということの反映だけではなく、享受する側も漢籍の教養を持っていたことを示している。『紫式部日記』は男性貴族にまで広く読まれている『源氏物語』の流布の様相を書いているが、まず第一に想定されている読者は、浄書本をともに製作した中宮彰子であり、またその周辺の女房も含む女性達であったろう。享受者の女性達がある程度、漢籍を知っているという前提があって、例えば桐壺巻の「長恨歌」や「李夫人」を踏まえた記述は書かれていたと考えられる。天皇が清涼殿に常駐するようになってから、後宮も政治の場となり、女房達が男性貴族と関わる機会も増えていた。男性貴族と交渉するために、漢籍の教養も潜在的により求められるようになっていたと考えることができよう。その教養を取り立てて外にひけらかす必要は無いが、いざというときに対応できる知識はあってしかるべきということだろう。

さて『紫式部日記』には、先に見た屏風に書かれた字も読めないふりをしているという記述に続き、中宮彰子も漢詩文を学びたがっていて、実際に紫式部が中宮に進講していたことが記されている。これはまことに興味深い記述である。

宮の、御前にて、文集のところどころ読ませたまひなどして、さるさまのこと知ろしめさまほしげにおぼいたりしかば、いとしのびて、人のさぶらはぬもののひまひまに、をととしの夏ごろより、楽府といふ書二巻をぞ、しどけながら教へたてきこえさせてはべる、隠しはべり。宮もしのびさせたまひしかど、殿もうちもけしきを知らせたまひて、御書どもをめでたう書かせたまひてぞ、殿はたてまつらせたまふ。

中宮彰子の漢籍への関心が『源氏物語』を読むことによって生まれてきていたとすると、『源氏』の教育的効果をさらに考えてみる必要がある。『新楽府』は儒学的な志向の強い書で、中宮彰子の関心は一条天皇の関心にも繋がるものであった。[5] 道長も天皇もこの進講を知って、見事な楽府の写本を中宮に贈ったことが記されている。中宮が楽府を学ぶことを肯定的に受け止めていたことがわかる。

一方で、この進講はくりかえし、「いとしのびて、人のさぶらはぬもののひまひまに」「隠しはべり。宮もしのびさせたまひしかど」などと書かれていたように、周囲から秘された形で行われていた。漢籍に対する女性側の一線を引いたような姿勢は堅持されていたのである。まだまだ女性が人前で漢籍を読むことへの抵抗が根強かったことがうかがえよう。

先に見た『枕草子』「雪のいと高う降りたるを」段とこの『紫式部日記』の楽府進講の記述とを読み比べを試みるのも興味深い教材となるのではないだろうか。

定子の問いに対して、格子を上げさせ御簾を上げたという開放的な清少納言に対して、奥で隠れるように、彰子と対座して[6]楽府を進講した閉鎖的な紫式部はすぐれて対比的である。前者が動的であるのに対して、後者は静的であると言っても良い。ここに漢籍というものに対する女性側の対照的な受け止め方が表出しているだろう。

読み比べから考えられることは一つに限定されなくて良い。定子と清少納言との関係は、主従の連携によって、漢詩の世界を行動で再現したという意表をつくものであるのに対して、彰子と紫式部との関係は、本格的な漢文の講義であり、そこには身分を越えて対座しているように師弟関係が生まれている。そこで教えられる漢籍は、より本格的な原典に密着したものだったと推察される。そのような対比を見出すことも可能であろう。

平安時代を代表する作家である清少納言と紫式部、さらにその主人である定子と彰子との関係を漢籍との向き合い方から捉えるとき、新たな気づきが生まれるのではないか。その上で『紫式部日記』の有名な清少納言評(7)があれほど漢才を表に出すことを批判したのも、必然的でもあったように見えてくるのである。

清少納言こそ、したり顔にいみじうはべりける人。さばかりさかしだち、真名書きちらしてはべるほども、よく見れば、まだいとたらぬこと多かり。

この批判も漢籍の教養を持つ女性達、特に女房達の新旧の考え方の相違を示しているのであろう。そして日頃、漢才を隠す生活をしていただけに、紫式部としても中宮彰子に進講するほどの漢籍の教養を清少納言を貶めることによって書いておきたかったように思われる。漢籍をめぐる女性達の二重規範《ダブルスタンダード》的な関係が清少納言批判の苛烈さに繋がったと考えられるのではないだろうか。

四　女性と漢文学

以上述べてきたように、平安時代の女性が漢文を学ぶということに対して、白眼視する守旧的な傾向は根強かった。しかし実際には后妃や女房達の中には一定以上の漢詩文の知識を持った者が少なくなかったようである。例えば清少納言や紫式部の母親の世代となる『蜻蛉日記』の作者道綱母は、兼家の妻であり、歌人として令名高いものの、宮仕え経験はなかった。しかし『蜻蛉日記』の下巻には漢籍を踏まえた表現が散見され、道綱母に相応の漢籍の教養があったことが見えてくる。

女性が漢文を学ぶに際しては、建前と実態のズレとでもいうべきものがあったように思われる。中宮（皇后）定子の女房サロンは建前を気にしない、革新的な気風があり、清少納言も漢籍の教養を外へ向けてどんどん発信していった。丁々発止と男性貴族と渡り合う様子は小気味よい。一方、中宮彰子のサロンは建前を遵守し、漢籍の教養を外へ出さないように努めていたが、実態は紫式部も漢籍の深い教養があり、彰子も陰で漢籍を学んでいた。『源氏物語』にも漢籍を踏まえた和文が頻出している。表に出すか出さないかは別にして、漢籍に通じた貴族女性は想像以上に多かったのではないだろうか[8]。

清少納言も紫式部も漢籍に詳しかったことがその文学の広がりや深み、興趣を生むことに繋がっていたに相違ない。必修科目として導入される「言語文化」が独立した教材の羅列にも見えた古典の教科書の状況をどこまで改変できるかは予断を許さないが、平安時代を代表する女性作家・清少納言と紫式部が漢文学にどのように接していたか、その一端を論じ、その対比的な関係から読み比べの教材提案を行ってみた。古文と漢文の融合的学習を考えるという本書のテーマにどこまで相応しい内容であったかは自信がないが、本稿が採り上げた『枕草子』「雪のいと高う降りたるを」の段は、「清少納言は漢籍に詳しい女房であった」とか、「白居易は当時の日本で大変人気があった」など、漢籍との関係も知識レベルの伝達に収束してしまうきらいがあったように思われる。それはもったいないのではないか。漢文学を元にして、一見漢文学から遠ざけられているかに見える女性達がやりとりをすることが面白いのではないか。さらに、この問題を平安時代の二大スターであり、ライバル関係の中で語られることも多い女性作家・清少納言と紫式部との関係に繋げることで、より立体的に考えられるのではないかというのが本稿の問題意識であった。大方のご批正を乞う次第である。

注

(1) 文部科学省(二〇一九)

(2) 以下『枕草子』『大鏡』『土佐日記』『紫式部日記』の本文は新編日本古典文学全集に拠る。一部、仮名を漢字に改め、改行を加えた部分がある。

(3) 三省堂(二〇一八)

(4) 紫式部、ならびに同時代の女性と漢文学との関係については山本淳子(二〇一六)「一条朝における漢詩文素養に関する社会規範と紫式部」『紫式部日記と王朝貴族社会』(和泉書院)が詳しく論じ、この問題を考える上での必読の文献である。

(5) 山本淳子「彰子の学び―『紫式部日記』「新楽府進講の意味―」(前掲書)

(6) 『紫式部日記』は、『源氏物語』の浄書本の作成に際しても中宮彰子と対座している自らの姿を描いている(拙稿(二〇一八)「『紫式部日記』の中宮彰子―女房集団との関係―」桜井宏徳・中西智子・福家俊幸編『藤原彰子の文化圏と文学世界』武蔵野書院)。

(7) 拙稿(二〇〇六)「いわゆる三才女批評の方法」(『紫式部日記の表現世界』武蔵野書院)において本稿と別の視点から清少納言評を論じた。

(8) 田渕句美子(二〇一九)『女房文学史論―王朝から中世へ―』(岩波書店)はその序章「女房文学史論の射程」において中古・中世の女性の漢字使用を多くの例を挙げて言及し、教養ある女房は漢字を自在に読み書きできたと論じている。

和歌と漢詩における四季折々の風景と味わい ―日中の自然観・美意識に着目して―

李　軍

一、はじめに

美しい風景と聞くと、どんなものを想像するであろうか。目に映る自然の様子や景物を思い浮かべる人が多かろう。「風景」という語は、古くから中国で使われていた。『大漢和辞典』によれば、「風景」の使用は、〔晋書、羊祜傳〕「祜楽山水、毎風景、必造峴山、置酒言詠、終日不倦。（祜山水を楽しみ、風景毎に、必ず峴山に造《いた》り、置酒言詠し、終日倦まず。）」に遡る。湖北省の峴山で、山水を楽しみ風景をむさぼり、酒を置き詩を詠み、一日いても退屈しない悠々自適な様子が描かれている。ここで用いられた「風景」は、山水という目に映る風光や景物であると同時に、空中に動いている大気（＝風）や刻々に変化している光、ひざし、影（＝景）という形のないものも指すと考えられる。では、和語の「けしき」はどうであろうか。『日本国語大辞典』（第二版）では、「けしき（気色）[1]」について、「自然界の有様。目にうつる情景から感じられるけはい。物の様子。」と説明し、『続日本紀』や『徒然草』などにおける用例を挙げている。篠田治美（二〇一二）は、「心あらむ人に見せばや津の国の難波わたりの春のけしきを」（後拾遺集　能因法師）

における「けしき」の意味について、次のように述べている。

「けしき」は自然の景物を指すだけではない。古語の「けしき」は「気色」である。まさしく「気」の「色」。辞書によれば、「気」とは天気間を満たし宇宙を構成する基本と考えられるもの、生命の原動力となる勢い、そして心の動きである。「色」は様子、情趣を意味する。自然のたたずまいである景色、そこにある生命のエネルギー、それらから感じ取る気分や気持ち、それが「けしき」である。見えるものとしての「景色」と感じられたものとしての「気色」、天地自然の「景色」と人の心の「気色」である。(2)

和語の「けしき」と漢語の「風景」は、両方とも目に映るものと、目に見えず体や心で感じ取るものとを内包している。日本と中国では、それぞれどのようにして「けしき」と「風景」を感じ取り、自然観や美意識を培ってきたのであろうか。

ここでは、まず、和歌と漢詩における四季折々の歌、とりわけ五感で味わう「けしき」と「風景」の歌に着目して、右の問いの答えを探ってみる。次に、両者の比較を通して、古くから中国文化の影響を強く受けつつも、独自の文化を生み出し、開花させてきた日本文化の精髄について考える。最後に、和歌と漢詩の読み比べを用いた古文・漢文の融合的な授業づくりを提案する。

二、日本の自然観・美意識と四季折々の和歌

高階秀爾（二〇一五）は、古代ギリシャの彫刻作品などに見られる西洋の「実体の美」と対照的に、日本では「古池や蛙飛びこむ水の音」「春は曙、やうやうしろくなりゆく山ぎはすこしあ

かりて…」に代表される「状況の美」が好まれる、と指摘している。[3] 実体の美は状況の変化に左右されず、いつでもどこでも「美」であり得るが、水の音や春の曙のような状況の美は、長く続かずすぐに消えてしまう。そういった移ろいやすくはかないものを味わうのも日本の美意識の重要な特色の一つで、「わび・さび」と名づけられている。

自然の景色の中で、日本人は満月や満開の桜といった完璧な状態を嫌い、欠けている三日月や花の蕾または散り行く桜を好む。ドナルド・キーン（一九九九）は、その理由について「これから出て来るものを暗示する『初め』、あるいは今過ぎ去ったばかりのものを暗示する『終わり』は、詩の読者、能の観客、あるいは水墨画の愛好家が、実際に見える事実を飛び越えて、極限にまで想像力を広げてゆく余地を許すのである。[4]」と分析し、日本的な「暗示の美」を論じている。近世日本水墨画を代表する名画「松林図」（長谷川等伯）は、精緻な描写を意図的に回避し、さまざまな白や空白を用いることで、見る側に広々とした想像の空間を与えている。この「余白の美」もまた日本の美意識の特徴の一つで、景色の不在によって多くの存在が喚起されている。

このような状況の美、暗示の美、余白の美を楽しむ趣向は、和歌の世界においてもよく現れている。篠田は、万葉集から新古今和歌集までの四季の歌を俯瞰し、和歌の特徴について次のように述べている。

和歌は世界を見ない。「見る」のではなく、聞く、触れる、嗅ぐ。視覚ではなく聴覚、触覚、嗅覚また味覚で世界を受けとめる。感受する人と感受されるモノが、主体と客体としてあるのでなく、感受するモノのなかに人がいる。人のなかにそれが入り込んでいる。

和歌は多く夕暮れや夜を詠い、薄明、薄暮を好む。見えないものを身体で受けとめ、共振する。その中に住まい、包まれ抱かれる。絵の浮かぶ歌は多いが、それらもまた、こちらからあちらを見るという客観的な世界ではなく、そのなかに歌人が、人が、「私」がいる、と感じられる。人間が景色を見るのではなく、景色のなかに人間がいる。匂い、風、音などを感じるとき、身と世界が距離をとって立つのではなく、一体としてある。[5]

和歌では、人と自然が渾然一体となるため、五感で受けとめやすい。あるいは、五感で受けとめているからこそ、一体としてある。和歌には明確な主語が登場しない。これは日本人にとっては当然のことであろうが、主語の使用が必須である英語話者にとっては、理解し難いものである。西洋では人の外に自然があって、主観世界と客観世界が明確に区別されているからである。

ここで、四季折々の歌を通して、和歌の特徴を具体的に見てみよう。

〈春〉

さくら花ちりぬるかぜのなごりには水なき空に浪ぞたちける　（古今集　紀貫之）

〈夏〉

五月待つ花橘の香をかげば昔の人の袖の香ぞする　（古今集　よみ人しらず）

〈秋〉

見わたせば花も紅葉もなかりけり浦のとまやの秋の夕暮　（新古今集　藤原定家）

〈冬〉

駒とめて袖うちはらふかげもなしさののわたりの雪の夕暮　（新古今集　藤原定家）

〈春〉の歌は、最初の勅撰和歌集『古今和歌集』を編纂した紀貫之の名作である。桜の花が散ってしまった風の名残りには、水のない空に白い余波（なごり）が立っている。「桜と波の見立て」としてよく知られるこの歌には、見えるものは空っぽの「空」だけしかない。この歌における「見立て」について、鈴木宏子（二〇一八）は、「いわばゼロ記号の『桜』が『波』の幻に見立てられている。そして、桜を波に見立てたことに伴って、大空もおのずから海のイメージを帯びてくる。空を海へ、というもう一つの見立てが喚起されている」[6]と分析している。「海」という言葉は使わなくても、「波が立つ」という表現によって、大空に舞い散る幻の花びらが波立つ景色が読者の脳裏に浮かび上がってくる。この歌は、まさに景色を五感で感じ取り想像を膨らませ、状況の美、暗示の美、余白の美を同時に味わえる傑作と言えよう。

〈夏〉の歌は、五月を待って咲く橘の花の香りを嗅ぐと、昔、馴染み深かったあの人の袖（にたきしめられていた香）のにおいがする、と詠んでいる。『万葉集』には香りを詠う歌は非常に少なく、嗅覚的な美の真の自立は『古今集』からという。その理由について、鈴木は、芳醇な香りを好む漢詩文からの影響と九世紀に貴族社会に広がった薫香文化があったのだと指摘している。[7]平安朝の詩人たちは、嗅覚の刺激が過去を呼び戻すことに関心をそそられていた。それは当時における新しい主題の一つであった。[8]この歌においても、目に見えないものに思いを膨らませ、感性的な美が研ぎ澄まされている。

〈秋〉の歌は、『百人一首』を編纂した藤原定家の名歌である。見わたす限り、春の美しい花も秋のきれいな紅葉もない、海辺の粗末な漁師の小屋（苫屋《とまや》）だけで、ひっそりとした色のない秋の夕暮れ。この歌の魅力について、篠田は「浦を眺望するというのは『万葉集』以来の伝統だというが、言葉として海辺でも浜辺でもなく浦である。浦とは、海と陸地の接する水際・『浦』であり、また『裏』である。現実世界という表に対する裏、心である。眼前の世界は、苫で屋根をふいた粗末な小屋、みすぼらしいものがあるだけである。だが、そのみすぼらしさを見据えるとき、己が心の内に何かが見え始める。ほんとうに求める美や理想が見え始める。[9]」と解説している。定家が求めるほんとうの美とは何か。答えは定家の中にあり、読者の心の中にある。そもそも浦には花や紅葉などはないはずである。それまで見出されることのなかった美しいものを、独創的な視点で追求しようとする定家の美意識は、名画「松林図」に通じるものがある。

〈冬〉の歌は、馬をとめて、袖（に積もった雪）を払い落とすような物影すらない、佐野の渡し場の雪の夕暮れ、と詠んでいる。この歌は、「苦しくも降りくる雨かみわの崎さののわたりに家もあらなくに」（万葉集　長忌寸奥麻呂）を本歌とする。もとの歌では、雨宿りする家もなく、旅の寂しさ苦しさを詠っているが、定家の歌では、薄闇に包まれた雪一面の銀世界に点景となる駒（馬）の人がいるだけである。一見白と黒の静止画のように見えるが、駒の人という動的要素が用意されている。駒の人がこちらに向かって駆けてくるのか。それとも後ろ向きで姿が小さくなってゆき消えてしまうのか。前向きの場合、少しずつ見えてくる顔にどのような表情を浮かべているのか。また後ろ姿の場合、薄闇に包まれながら次第に遠ざかって銀世界に消えるときに、私たちはどのような思いに包まれるであろうか。駒の人は、前述のキーンが指摘した「これから出て来るものを暗示する『初め』」の役割を果たしている。歌枕「さののわたり」は「家なし」

で、雪と夕暮れという設定は旅先の孤独、憂愁を暗示している。しかし、この歌は旅人の孤独や愁いを詠んだだけではない。読者が駒の人に呼び寄せられ、自ら歌の世界に入り込んでいく。そして、旅人に各々の人生や境遇を投影しながら、それぞれの心の風景を膨らませるであろう。

ここまで、四季折々の歌を通して、和歌の特徴やそこから見えてきた日本の美意識について考察した。次に、漢詩を通して中国の自然観や美意識について考える。

三、中国の自然観・美意識と四季折々の漢詩

中国では、最初に自然を詠んだ歌は二世紀ころに作られた「帰田の賦」（張衡）であるとされる。二世紀から三世紀にかけて、戦乱や政治の腐敗に疲弊した人々は自然を見つめてそれを歌にする動きが次第に増えていき、五世紀の初めに陶淵明がかの有名な「帰去来の辞」を詠んだ。唐代には王維が陶淵明の流れを受けて、一つの世界を築き上げ、その王維の影響の下に、それ以後の詩人たちがさまざまな工夫をしていった。これが中国の自然を詠う詩の流れである[10]。

ここで、まず陶淵明作とされる[11]五言古詩を通して、古代中国の自然観と美意識を見てみよう。

四時歌	四時の歌
春水満四沢	春水　四沢に満ち
夏雲多奇峰	夏雲　奇峰多し
秋月揚明輝	秋月　明輝を揚げ
冬嶺秀孤松	冬嶺　孤松秀づ

春は水だ。雪解け水が四方の沢地に満ち満ちて、春の生き生きとした生命のほとばしりを感じさせる。夏は雲だ。夏の入道雲がすばらしい峰を形づくる。秋は月だ。明るく輝く満月が空高くかかっている。冬は松だ。すべての葉が落ちている冬の嶺に目立つのは、すっくと立つ松の秀でた姿である。この歌では、春夏秋冬のそれぞれの季節における最も典型的代表的な情景が取り上げられている。満ち溢れる水、立派な形の雲、明るく輝く満月、寒さに負けない一本松。素朴な情景でありながら、どれも生命力がみなぎって、欠けることなく厳然とした理想的な姿である。この詩における中国の美意識は前述の日本の美意識と対照的なものとなっている。

しかし、中国の山水画、水墨画を眺めると、右の美意識と異なる側面を窺うことができる。日本の名画「松林図」も、中国絵画の精華と称される南宋の水墨画から多大なる影響を受け、その神髄を引き継いでいること[12]から、中国と日本の美意識に重なる部分が存在すると考えられる。水墨画だけではない。漢詩からも日本の美意識と重なる部分が見て取れる。ここでは、そのような四季折々の漢詩を取り上げて考察する。なお、紙面の都合上、漢詩の書き下し文を略す。

〈春〉

春暁　孟浩然

春眠不覚暁
処処聞啼鳥
夜来風雨声
花落知多少

〈夏〉

山亭夏日　高駢

緑樹陰濃夏日長
楼台倒影入池塘
水精簾動微風起
満架薔薇一院香

〈秋〉

秋風引　劉禹錫

何処秋風至
蕭蕭送雁群
朝来入庭樹
孤客最先聞

〈冬〉

江雪　柳宗元

千山鳥飛絶
万径人蹤滅
孤舟蓑笠翁
独釣寒江雪

「春暁」は、春の心地よい朝の情景を詠った佳作である。まだ完全に目覚めていない状態の中で、鳥の鳴き声という聴覚の刺激を受け、昨夜の風や雨の音が耳によみがえる。その春の嵐によって、庭の花がどのくらい散ってしまっただろうかと連想し、その余韻が漂う。この詩に詠まれた風景は、視覚から得た情報がなく、すべて聴覚によって連想されたものである。そこには、過ぎ去ってゆく春を惜しむ「惜春」の情もあろうが、隠者の生活を送り自然をこよなく愛する作者がうつらうつらとしている状態の中で晩春の光景を愛でて楽しんでいる姿も目に映る。

「山亭夏日」は、夏の日の静寂を詠った詩である。夏の強い日射しの下にできた緑樹の「陰」、波立つことなく静かな水面に映った高殿の「影」。実体のない「陰」と「影」を通じて夏の風景を連想させる。転句では、水晶のすだれを動かす涼しげなそよ風を描き、結句では、中庭一面に広がる馥郁たる薔薇の花の香りを通じて棚いっぱいに咲く夏の美しい情景を思い起こさせる。前半の「静」から後半の「動」へという転換があったが、後半の二句も前半と同様に実体のないもの（「風」「香」）が用いられ、全体的に五感によって夏の風景が詠まれている。

「秋風引」は、「蕭蕭」「孤客」という言葉通り、一人旅を続ける者が感じた秋のもの寂しさを詠った詩である。「蕭蕭」は風の音の擬音語として多用されている。「秋風引」のほかに、例えば、『史記』刺客列伝における荊軻の名言「風蕭蕭兮易水寒、壮士一去兮不復還。（風蕭蕭として易水寒し、壮士一たび去りて、復た還らず。）」がよく知られている。一方、李白の「送友人」の尾聯「揮手自茲去、蕭蕭班馬鳴（手を揮って茲《ここ》より去れば、蕭蕭として班馬鳴く。）」における「蕭蕭」は馬の鳴き声を表す擬音語である。「蕭蕭」は擬音語だけでなく、「風が寂しく吹くようす」「馬が寂しげに鳴くようす」といったように、状態を表す擬態語でもある。「蕭」は茎が細長く葉の小さい草の名。細長いイメージからひっそりとしたさま、もの寂しいさまを表すようになった[13]。「秋風引」では、もの寂しげに吹く秋風に作者の心境が重ねられている。その聴覚による連想は「春暁」の表現手法と異曲同工である。

「江雪」は、雪景色を詠った詩である。前半の二句は遠景で、「千山」「万径」という大きな数で無限の自然を表現し、「絶」「滅」という語で鋭く対比させている。雪によってすべてが覆われ、生物の気配を感じさせない厳しい環境の中で、ぽつんと一つの舟が川に浮かび、その舟の上でただ一人の老人が寒々とした雪の中で釣りをしている。後半の二句は近景で、「孤」「独」という印象的な語に、左遷されているいまの作者の心境が表出されている。一方、雪によって命あるものの存在がすべて許されない状況の中で、一人の老人が泰然と釣りをしている姿が、作者の誇りや屈しない精神の現れとも読み取れる。この詩の何もない雪景色とじっと動かない老人の姿に作者の心象風景が凝縮されている。

これらの漢詩のように、中国においても、目で風景を見るのではなく、人が自然の中に入り込み、聴覚、嗅覚、触覚など五感によって風景を感じ取り、感じ取った風景に自分の心境を投影し、そこに余韻や余情を醸し出し、象徴的感性的なものを獲得していく、という美意識が存在している。ただし、五感を通して象徴的感性的な風景を生み出しつつも、漢詩の題目による詩趣の方向づけや「秋風引」「江雪」の「孤」「独」といった直接的な表現も見られる。

次に、和歌と漢詩の読み比べを用いた古文・漢文の融合的な授業づくりを提案する。

四、和歌と漢詩の読み比べを用いた古文・漢文の融合的な授業づくり

〈単　元　名〉四季折々の和歌と漢詩を読み比べてみよう

〈指導目標〉

①和歌と漢詩に対する学習者の興味・関心や問題意識を喚起する。

②四季折々の和歌と漢詩に詠まれている情景を把握し、それぞれの自然観・美意識を理解する。

③日中の自然観・美意識を比較し、その共通点と相違点を考察する。

④古くから中国文化の影響を強く受けつつも、独自の文化を生み出してきた日本の自然観・美意識について確認する。

⑤この単元で学んだことを今日的な出来事に生かし、いまに息づく伝統的な言語文化について自らの考えを広げ深める。

〈対象学年〉高校二年生

〈単元計画〉（三時間配当）

第1時

①日本の名画「松林図」と京都の竜安寺の石庭（写真）に見られる日本の美意識について話し合う。

②春夏秋冬の和歌の内容を理解し、それぞれの情景と余韻を味わう。

③和歌から見られる日本の自然観・美意識について話し合い、発表する。

第2時

①中国山水画の代表作「早春図」(14)（郭熙《かくき》）を鑑賞し、中国の美意識について話し合う。
②春夏秋冬の漢詩の内容を理解し、それぞれの情景と余韻を味わう。
③漢詩から見られる中国の自然観・美意識について話し合い、発表する。

第3時

①和歌と漢詩における日中の自然観・美意識を比較し、その共通点と相違点について考察する。
②「風景／けしき」の意味や「空気をよむ／行間をよむ／風をよむ」の由来について考える。
③春の花見や夏の花火などの風物詩を通じて、日本独自の美意識について再認識する。
④単元を総括し、いまに息づく伝統的な言語文化の源流について確認し、今後の課題を示す。

五、おわりに

花咲く、花散る、風吹く、雪舞うなど四季折々の景色を目で、鼻で、耳で、肌で感じ取り季節の移ろいを味わい、各々の思いを寄せる。日本も中国も似たようなツールで自然を楽しむ側面がある。一方、同じ「花散る」でも、日本では青空に向かって満開する桜の景色を思い浮かべるが、中国では雨露に濡れた花びらが庭に散り敷き、地面を彩る風景を連想する。和歌はかな文字のごとく、柔らかくて流動的で、情緒的で漠然とした表現を多く用いる。漢詩は漢字のごとく厳然とした形を持ち、感覚的で具体的な表現を好む。和歌の掛詞「雪」「浦」は、読者の想像力がなければ、「行き」「裏」に変換できない。それに対し、漢詩における「孤」「独」「絶」「滅」「蕭蕭」はストレートにその意味を伝えてくる。

「風景」と「けしき」、あたりまえに使っている言葉の背後には、中国文化と日本文化の生成や発展、両国文化の交流の歴史が隠されている。ここで取り上げた和歌と漢詩の数々の名作もまた、古典教育の定番教材として長年採録されてきたものである。このように、日本と中国の自然観・美意識に光を当てることで、教材としての新たな価値を生み出すことが期待できよう。

電子機器の普及やＩＣＴの発展に伴って、視覚情報が増える一方である。情報だけでなく、知識や理論、思考まで可視化されるようになり、分かりやすくなった反面、大切なものが失われつつあるようにも思われる。和歌と漢詩を通して五感を磨き、想像力や感性を培いながら、日本の美意識や伝統的な言語文化を育んでいくことが重要な意味を持つであろう。

注

（1）『日本国語大辞典』における「けしき」の項には「気色」と「景色」がある。「景色」は古語「気色」から派生した語とされ、ここでは「気色」の項を取り上げることにする。
（2）篠田治美（二〇一二）『和歌と日本語―万葉集から新古今和歌集まで』藤原書店、四五頁
（3）高階秀爾（二〇一五）『日本人にとって美しさとは何か』筑摩書房、一六五～一六六頁
（4）ドナルド・キーン（一九九九）『日本人の美意識』金関寿夫訳、中央公論新社、二一一頁
（5）注２に同じ。七頁
（6）鈴木宏子（二〇一八）『「古今和歌集」の創造力』ＮＨＫ出版、二一一頁
（7）注６に同じ。二八二～二八三頁
（8）大岡信（二〇一六）『折々のうた　春夏秋冬・春』童話屋、一二七頁
（9）注２に同じ。一七五頁

（10）石川忠久（二〇〇二）『漢詩の講義』大修館書店、四五頁

（11）石川忠久（一九九五）は、「四時の歌」の作者について「陶淵明の作品ということで、昔から言い伝えられていますが、陶淵明の集にはなく、おそらくそうではないでしょう。しかし、全体に素朴な感じが漂い、この時代のものと思われます。」と指摘している。（石川忠久『漢詩の風景（新装版）』大修館書店、一〇二頁）

（12）原研哉（二〇〇八）『白』中央公論新社、三九頁

（13）李軍（二〇一八）「漢詩における畳語の擬態語を漢字・語彙指導に生かす」『古典「漢文」の教材研究』堀誠編著、学文社、一二七〜一二八頁

（14）北宋・郭熙による「早春図」は中国の山水画を代表する大作である。王凱（二〇一五）は、郭熙の画風と「早春図」の特徴について、「彼は空気表現や明暗にまで及ぶ空間表現を重視し、より理想化された境地を完成させた画家として高名を得た。彼の代表作品は『早春図』（中略）の表現は軽重濃淡を巧みに使い分け、早春の山林の景象を描いている。淡い墨で描く樹々の梢、濃い墨を重ねて描く樹々の根幹の描写は、後世の画家の簡素な表現とは大きな違いがあり、山や岩の輪郭の重厚な筆遣い、樹木は新芽が萌え、山頂に立ちのぼる雲の精妙な筆致に卓越した技量が窺える。」と論じている。（王凱『中国宮廷美術史』大学教育出版、七六頁）「早春図」における「淡い墨で描く樹々の梢」の描き方や「雲の精妙な筆致」、空間表現などは日本の「松林図」からも見て取れる。一方、「早春図」における精緻な描写は「松林図」と対照的なものとなっている。「早春図」からは、中国の美意識の多様な側面を垣間見ることができるだけでなく、日本画との繋がりも窺うことができる。

融合的学習の方法として
―摘句暗誦と多読の実践から―

政岡　依子

一　初めに

二〇二二年度より運用開始の新学習指導要領で設置される「言語文化」における古文・漢文融合の授業の進め方に資すべく、二〇〇九年度改訂の現行学習指導要領における思考力・判断力・表現力の礎となる「教養」を醸成する漢文の授業としての、暗誦教材の導入と多読という二つの試みについて報告し、その可能性を検討したい。

新学習指導要領においては、高等学校の必修国語に「現代の国語」と「言語文化」が設定される。「言語文化」の知識及び技能の目標は「生涯にわたる社会生活に必要な国語の知識や技能を身に付けるとともに、我が国の言語文化に対する理解を深める」[1]となっている。生涯にわたって活用しうる知識や技能とは、「教養」であろう。十分な量の知識が、他のさまざまな分野のそれと連環することによってのみ、教養として働き、思考力や判断力を向上させる。現行学習指導要領においてもその目標に大きな違いはないが、教科・単元に縛られた定期テストを実施して評価を定める現状では、そのような連環を生徒に意識させることはなかなか難しい。文法や語彙以外は、ある教材に限られた内容と受け止められ、一過性のものとして処理されてしまうのである。このような教科・単元間の隔たりが生じることを押しとどめ、社会生活との連環を実感するにはある程度の「量」が必要である。それを限られた授業時間で扱うために、摘句暗誦とテーマを絞った多読を「漢文」の授業に導入した。

二　摘句暗誦という選択

教養としての漢文の重要な役割は、古典文学の世界における登場人物たちの活躍を支え、表現を豊かにしていることである。「国風文化」の担い手である平安貴族が、大陸から受容した漢詩文を取捨選択して消化し、価値観や美意識、感情の拠り所として昇華させたことは、多くの研究者が指摘しているところである。教科書に採録されている、『枕草子』清少納言の中宮定子を中心にすえた公達とのやり取りにも、『源氏物語』における光源氏が心情を映して口ずさむ一句にも、『平家物語』の情景描写にも、それぞれの時代において教養として根付いていたものが色濃く表れている。もちろん、紫式部や菅原道真の創作と強く結びつく漢詩文そのものが、身に付けておきたい教養であり、これを承継していくことが、高等学校国語という教科に求められていると考える。

しかしながら、「国語総合」・「古典B」のどの教科書においても、漢文と古文は編を分けている。勤務校での生徒たちの学習意識も、古文と漢文は別教科というのが大半であり、助動詞「べし」の意味・解釈でさえ、古典文法と再読文字という古文・漢文それぞれのカテゴリーにおいて覚えようとしている。現行の教科書では出典重視の編集からか、古文教材の注もしくはコラム等においては漢籍の影響に触れているものの、漢文教材においては、それがどのように享受され、何に活用されていったかを記載していない。それほど多くの教材を取り上げる時間のない高校の授業において、源泉である漢文教材学習時に、その広がりを実感させる注があれば、より強く学習意欲を喚起し古文につながる学習活動を意識させることが可能となると考えた。

高等学校で扱う代表的作品の『源氏物語』須磨巻「こよひは十五夜なりけり、とおぼし出でて……『二千里外故人心』と誦じ給へる」の白居易「八月十五日夜、禁中独直、対月憶元九」中の句や、『枕草子』「雪のいと高う降りたるを」で始まる段での白居易「香炉峰下、新卜山居、草堂初成、偶題東壁」中の句「香炉峰雪撥簾看」についての女房たちの発言「さることはしり、歌などにさへうたへど」等から、漢詩文が当時の知識階級の基本的な教養として浸透していたこと、その一形態としての摘句朗誦（暗誦）が日常の文化的習慣として行われていたことを、多く見出すことができる。

このように、朗誦の対象となったのは摘句であり、その取捨選択にこそ当時の貴族たちの美意識や言語感覚、つまり「日本文化の特質」が現れていたといえる。そのうえ摘句の朗誦には、限られた時間でより多くの作品を扱えるというメリットがある。「中国では二〇〇〇年に学習指導要領（九年義務教育全日制小学語文教学大綱）が改訂され[2]」古典教育において暗誦を積極的に取り入れ「一定の普遍性を備えている」「暗誦すべき作品のリストが公表」されていることを知り、日本文化の一形態としての摘句暗誦を授業の一部に組み入れる方法を模索し始めた。

三　暗誦教材での実践

暗誦教材は、高校国語教科書に採録されている代表的な教材との関連性が十分に感じられるものであり、摘句という性質上ばらばらになりがちな各教材のつながりを担保できる『和漢朗詠集』から選択した。また、採録されている白居易「長恨歌」からの三句すべてを課題とし、「古典B」の教科書掲載の全文と対照させて、摘句という感覚の理解に資するような配置を心がけた。教材の構成は、杏林文史出版社『学生版古詩学习辞典』（主編：刘琦）の編集を参考にし、摘句・出典・その句を承継する古文の作品群を示した。

表1は、初年度に用いた教材例である。

実施方法は、二週間に一句ずつ増やし、一年間に約十五句を課す。新しい句を課すときに、出典とともに古典作品との関係性について簡単に紹介する。授業開始時に、その期間までの全ての課題の句を、指名された一名が暗誦する。毎回五分間をこの活動に充当した。句の数が増えるほどに、その日の授業で暗誦する生徒数は減るが、年度の終わりごろになっても毎時五名ほどは発表できた。スムーズな暗誦を可能にするためのポイントとして、「途中で行き詰ってプリントを確認することはできるが、その場合は最初の句から暗誦すること」というルールがあげられる。不要な空白の時間がなくなるとともに、繰り返しによる定着がその場でもはかられるからである。また、授業開始時の五分間を暗誦に充てることで、単元教材に入るころには十分に落ち着き「漢文脳」になっていて、前年と変わらない進度を保つことができた。

表1

漢文暗誦課題　【其の弐】

大庾嶺の梅は早く落ちぬ　誰か粉粧を問はん
匡廬山の杏《からもも》はいまだ開けず　あに紅艶を趁《と》めんや

『和漢朗詠集』「春」の柳　106

出典　大江維時、延長七年正月廿一日、内宴「盃を停めては柳の色を看る」の詩序

『枕草子』101段

殿上より、梅の花ちりたる枝を、「これはいかが」といひたるに、「ただはやく落ちにけり」といらへたれば、其詩を誦して、殿上人黒戸におほく居たる、上のおまへに聞召して、「よろしき歌などよみて出だしたらんよりは、かかる事はまさりたりかし。よくいらへたる」と仰せられき。

漢文暗誦課題　【其の九】

三五夜中の新月の色　二千里の外の故人の心

『和漢朗詠集』「秋」　242

出典『白氏文集』巻十四律詩　「八月十五日夜、禁中獨直、対月臆元九」724

銀台金闕夕沈沈　独宿相思在翰林
三五夜中新月色　二千里外故人心
渚宮東面煙波冷　浴殿西頭鐘漏深
猶恐清光不同見　江陵卑湿足秋陰

『源氏物語』須磨巻（須磨の秋）

月のいとはなやかにさし出でたるに、今は十五夜なりけりと思し出でて、殿上の御遊び恋しく、所どころながめたまふらむかしと、思ひやりたまふにつけても、月の顔のみまもられたまふ。「二千里外故人心」と誦じたまへる、例の涙もとどめられず。入道の宮の、「霧やへだつる」とのたまはせしほど言はむ方なく恋しく、をりをりのこと思ひ出でたまふに、よよと泣かれたまふ。「夜更けはべりぬ」と聞こゆれど、なほ入りたまはず。

見るほどぞしばしなぐさむめぐりあはん月の都は遥かなれども

その夜、上のいとなつかしう昔物語などしたまひし御さまの、院に似たてまつりたまへりしも恋しく思ひ出できこえたまひて、「恩賜の御衣は今此に在り」と誦じつつ入りたまひぬ。御衣はまことに身はなたず、かたはらに置きたまへり。

うしとのみひとへにものは思ほえでひだりみぎにもぬるる袖かな

『平家物語』巻七　青山の沙汰

村上の聖代応和のころほひ、三五夜中新月の色、白くさえ、涼風颯々たりし夜半に、帝清涼殿にして玄象をぞ遊ばされける時に～。

『はいかい袋』

蓼太　君と我月にうつらば嘸《さぞ》泣かん
蕪村　ゆめのゆききも二千里の秋

暗誦教材を取り入れた授業を実践した結果は次の通りである。

第一に、暗誦は、漢文の表現に親しむという点で有効であると言える。例えば、反語の句法の学習時に、表1【其の弐】の「あに紅艶を趁めんや」を想起した発言があった。反語の意味を表す「豈」という漢字の働きと「あに～んや」という訓読（ひびき）が、暗誦している一つの句に備わっていることを実感すると、句法の修得が、記号としての暗記ではなくなるようである。このことを活用して、句法においても典型的な例文を声に出して読ませながら、意味の理解とその形を修得させる方法を取るように変更した。例えば、感嘆の句法「何～也（なんぞ～や）」の訓読《ひびき》と終尾詞「也」の直前が連体形となることを、「何楚人之多也（なんぞそひとのおほきや）」（『史記』）で理解させ、口ずさみ、他の文にも応用させる。もちろん「四面楚歌」のストーリーが意味の理解を助け、忘却からの防護壁となってはいるが、暗誦の手法が奏功している。もちろん、訓読《ひびき》を自身のものにすることは、『平家物語』などの和漢混交体の作品群への親しみにも通じ、表1【其の九】では摘句がそのまま表現に取り入れられていることを確認できる。

第二に、暗誦は、それが自分のものになっていることの自覚を持たせ、他への応用を促す効果があり、「古文」と「漢文」という意識の垣根を取り払うということである。暗誦には人に披露したくなるという魔力があるらしく、クラブ活動中や廊下ですれ違った際に、担当者である私に対する課題遂行アピールとして口ずさんで見せるのみならず、別のクラスの生徒や保護者にも、滔滔と暗誦して見せていたという。五〜六句を超えると十分に感心されるため、快感であったらしい。さらに、『枕草子』や『源氏物語』を扱う授業において、注で暗誦している句について触れられていると、自ら発言し暗誦して見せたという報告を、古文の担当教員より受けた。

同窓会の席で社会人になった卒業生が、中学生の時に覚えた『竹取物語』の冒頭を今でも暗誦できるので、クライアントとのちょっとした話題作りに役立つことがあると話してくれた。グローバル社会における「教養」としての摘句を考える場合、前述の中国における「九年義務教育全日制小学語文教学大綱」の暗誦リストと一致する、日本の古典文学とのつながりの深い摘句を揃えるよう心掛けたい。古文（日本語）での暗誦であったとしても、その「教養」が、同じ作品を古典として学んだという親近感をもたらし、相互理解に寄与するであろう。この後にさまざまな専門を選択する高校生の必修科目にこそ、暗誦を取り入れることで、生涯にわたる社会生活での活用を期待できると考える。

四　古文・漢文の融合教材として

初年度に実施した暗誦教材を用いた授業の結果から、より積極的に古文・漢文の融合を意識した教材プリントを作成した。

表2はその一例であり、高校三年生での使用を予定していたので、古文・漢文の知識の確認を意図した書き込み式のプリントとした（表2では一部省略）。白居易「香炉峰下、新卜山居、草堂初成、偶題東壁」は、現行の教育出版・三省堂・東京書籍「国語総合」の教科書が掲載している。

表2

『和漢朗詠集』山家（554）

遺愛寺《ノ》鐘《ハ》欹《そばだテテ》レ枕《ヲ》聴《キ》　香炉峰《ノ》雪《ハ》撥《かかゲテ》レ簾《すだれヲ》看《ル》

白居易「香炉峰下新《タニ》卜《ぼくシ》二山居《ヲ》一、草堂初《メテ》成《リ》、偶題《ス》二東壁《ニ》一」五首のうち第四首

日高《ク》睡《リ》足《リテ》猶《ホ》慵《ものうシ》レ起《クルニ》　小閣《ニ》重《ネテ》レ衾《ふすまヲ》不レ怕《おそレ》レ寒《ヲ》

遺愛寺《ノ》鐘《ハ》欹《そばだテテ》レ枕《ヲ》聴《キ》　香炉峰《ノ》雪《ハ》撥《かかゲテ》レ簾《すだれヲ》看《ル》

匡《きやう》廬《ろハ》便《チ》是《レ》逃《ルルノ》レ名《ヲ》地　司馬《ハ》仍《なホ》為《リ》二送《ルノ》レ老《ヲ》官一

心泰《やすク》身寧《やすキハ》是《レ》帰《スル》処　故郷何《ゾ》独《リ》在《ルノミナランヤ》二長安《ニ》一

【注】香炉峰……廬山（現在の江西省九江市にある）の北峰。
卜……土地の吉凶を占って、住居を定めること。
偶題……思いつくままに書きつけること。　衾……夜具。
遺愛寺……香炉峰の北側にあった寺。　欹枕……枕に頭を載せたままで。
匡廬……廬山の別名。隠者に関する伝承を持つ。
司馬……「刺史（州の長官）」の補佐役。当時は名目的な閑職であった。

『枕草子』「雪のいと高う降りたるを（第280段）」

雪のいと高う降りたるを、例ならず御格子《みかうし》参りて、炭櫃《すびつ》に火おこして、物語りなどして集まり候ふに、「少納言よ、香炉峰の雪いかならむ。」と仰せらるれば、御格子上げさせて、御簾《みす》を高く上げたれば、笑わせたまふ。

人々も「さることは知り、歌などにさへ歌へど、思ひこそよらざりつれ。なほ、この宮の人にはさべきなめり。」と言ふ。

『源氏物語』総角巻（薫、雪景色に大君を偲ぶ）

雪のかきくらし降る日、ひねもすにながめ暮らして、世の人のすさまじきことに言ふなる師走の月夜のくもりなくさし出でたるを、簾《すだれ》巻き上げて見給へば、向かひの寺の鐘の声、枕を欹《そばだ》てて、けふも暮れぬとかすかなる響きを聞きて、

をくれじと空行《ゆく》月をしたふかなつゐにすむべきこの世ならねば

風のいとはげしければ、蔀《しとみ》をおろさせ給ふに、四方《よも》の山の鏡と見ゆる汀《みぎは》の氷、月影にいとおもしろし。京のいゑの限りなくと磨くも、えかうはあらぬはやとおぼゆ。わづかに生き出でてものし給はましかば、もろともに聞こえましと思ひつゞくるぞ、胸よりあまる心ちする。

恋わびて死ぬるくすりのゆかしきに雪の山にや跡を消なまし

【注】＊すむ……「住む」と「澄む（月の縁語）」の掛詞。
＊恋わびて～……『竹取物語』の、かぐや姫昇天後、帝が不死の薬を焼かせたことに対比される表現。

『大鏡』左大臣時平

つくしにおはしますところの御門かためておはします。大弐のゐ所ははるかなれども、楼の上の瓦などの、こころにもあらず御覧じやられけるに、又いとちかく観音寺といふ寺の有りければ、かねの声きこしめして令作給《つくらしめたまふ》詩ぞかし、「都府楼纔看二瓦色一　観音寺只聴二鐘声一」。これは、文集の、白居易の「遺愛寺鐘欹レ枕聴　香炉峰雪撥レ簾看」といふ詩にまさざまに令作給へりとこそ、むかしの博士ども申しけれ。また、かのつくしにて、九月九日、菊の花を御覧じけるついでに、いまだ京におはしまし時、九月のこよひ、内裏にて菊宴ありしに、この大臣のつくらせ給ひける詩をみかどかしこく感じ給ひて、御衣たまはり給へりしを、つくしにもて下らしめ給へりければ、御覧ずるに、いとどそのおりおぼしめし出でて令作給ける、「去年今夜侍二清涼一、秋思詩篇独断腸。恩賜御衣今在レ此、捧持毎日拝二余香一。」この詩、いとかしこく人々感じ申されき。

【注】＊大弐……大宰大弐、大宰府の次官のこと。　＊観音寺……観世音寺。
＊「都府楼～」……「都府楼」は、都督府即ち鎮西府の政庁の正面大門の高楼。この詩句は「不レ出レ門」の頷聯、『和漢朗詠集』（620）にも摘録される。
＊文集……『白氏文集』。白居易の生存中に自身により編集された。平安時代、我が国に伝わり、人々の共通の教養として親しまれた。
＊九月九日……重陽の節日。我が国では、奈良時代より宮中で観菊の宴が催された。
＊「去年今夜～」……七言絶句「九月十日」。この詩中の転句は、『源氏物語』須磨

巻にも引かれる。

『和漢朗詠集』閑居（620）

都府楼ニハ纔《わづか》ニ看ル二瓦ノ色ヲ一　観音寺ニハ只聴ク二鐘ノ声ヲ一

菅原道真「不レ出デレ門ヲ」

一タビ従リ三謫落《たくらく》セラレテ在リテ二柴荊ニ一　万死兢《きょう》々タリ跼蹐《きょくせき》ノ情

都府楼ニハ纔《わづか》ニ看ル二瓦ノ色ヲ一　観音寺ニハ只聴ク二鐘ノ声ヲ一

中懐ハ好《ことむな》シ逐《したが》ヒテ二孤雲ニ一去ル　外物ハ相逢ヒテ満月ソ迎フル

此ノ地ハ雖モ三身ノ無シト二撿繫セラルルコト一　何為《す》レゾ寸歩モ出デテレ門ヲ行カム

【注】都府楼……都督府即ち鎮西府の政庁の正面大門の高楼。
観音寺……観世音寺。天智天皇草創、日本三戒壇の一つ。
謫落……官位より落とされて流されること。
柴荊……柴と荊、転じてあばら屋。ここでは、配所のわびずまい。
跼蹐……「跼天蹐地」。背伸びもできず、小股に抜き足して歩むこと。
中懐……「衷懐」に同じ。精神。

＊「不出門」という題は、白居易の詩にもあり、その頷聯が『和漢朗詠集』(616) に摘録される。

『和漢朗詠集』閑居（616）

鶴籠ノ開クル処ニ見ル二君子ヲ一　書《しよく》巻《ゑん》ノ展《の》ブル時ニ逢ヘリ二故人ニ一

白居易「不レ出デレ門ヲ」

不ルヨリレ出デレ門ヲ来《このかた》又数旬　将《もつ》テレ何ツ銷シレ日ヲ与レ誰親マン

鶴籠ノ開クル処ニ見ル二君子ヲ一　書《しよく》巻《ゑん》ノ展《の》ブル時ニ逢ヘリ二故人ニ一

自ラ静ニシテ二其ノ心ヲ一延ベ二寿命ヲ一　無クシテレ求ムル二於物ニ一長ズ二精神ヲ一

能行ハ便チ是レ真ノ修道　何ゾ必ズシモ降魔調ノ伏身ノミナランヤ

【注】書巻……巻子本の書物。絹や紙を長く継ぎ合わせ、軸をつけて巻き込み表紙をつけたもの。
銷……消すこと。　降魔・調伏……ともに仏教用語で、魔障を退治すること。

＊以下は、抄録である。

ことばの学習

《漢字》
「旬」……十日間。昔、甲乙丙～と十干で日を数えたことから。
↓
上【　　】・中【　　】・下【　　】

《語彙》
「ひねもす」……【　　】
「断腸」……【　　】

《古語》
「例ならず」……いつもと違って。　⇔　「例の」……【　　】
← 格助詞・比喩の用法

《漢文における重要語》
「君子」……徳が高く、品位の備わった人。　対義語「小人」
「故人」……古くからの友人・知人。

訓読のきまり

＊「不」＝「弗」……打消の助動詞「ず」

基本形	未然形	連用形	終止形	連体形	已然形	命令形
ず						

考察

＊「遺愛寺鐘欹枕聴　香炉峰雪撥簾看」に込められた白居易の心情は？
＊菅原道真は、この詩句をどのよう解釈したか？
＊この詩句を用いた描写は、「薫」のどのような心境を映しているか？
＊中宮定子と清少納言とのやりとりでは、この詩句はどのような役割を果たしているか？

そのうちの一句「遺愛寺鐘欹枕聴　香炉峰雪撥簾看」が引かれる、『枕草子』の「雪のいと高う降りたるを」や『大鏡』の「左大臣時平」は、古文の教材として広く取り上げられている。さらに、『大鏡』の「左大臣時平」には、菅原道真「不出門」からの摘句が登場しており、同題の白居易の摘句とともに、やはり『和漢朗詠集』に採録されている。この連環こそが古典世界を支配した「教養」を示していると考え、その濃密な繋がりを実感できる教材配置に留意した。

漢文の授業ということで、古文教材はその紹介にとどめたが、『源氏物語』総角巻にもこの句から得た表現が見られることを示して、その広がりを視覚的にも実感してもらうことに努めた。一つひとつの教材の詳細を説明できるわけではないが、さまざまな作品の一部に息づいていることに暗誦のもたらすひびきがそれに気づくことを可能にする。

この融合教材のポイントは、①十分な教材量を確保すること、②既知であるものを確認できること、③語るにたる未知の情報が得られること、の三点である。①は暗誦する一句によってかけられる「網」の大きさが「お得感」を生み出す物量作戦、②は自身の「教養」を認識して学習のモチベーションを維持するための自尊作戦、③は新たな知識を一つのストーリーに組み込みながら「教養」にしていく「物語」る作戦である。暗誦のついでに何かを語る習慣をつけ、古文や漢文の話題が授業以外の場所で会話のどこかに挟み込まれることを目指すものであった。また、暗誦中の行き詰った際に参照するプリントを白文のみ掲載したリストとすることで、古文としての訓読のしらべと漢文の構造の関係を把握する契機とした。

五　多読と応用を試みる

前項で述べた物量作戦は、暗誦に関する学習にとどまらず、故事成語に代表される語彙や思想教材に関しても同様に有効である。新学習指導要領には「様々な情報を見極め，知識の概念的な理解を実現し，情報を再構成するなどして新たな価値につなげていく」とあるが、「言語文化」においては、「様々な情報」に値する分量を読むことを通して、「情報を再構成」してきた古文・漢文の融合を知ることが第一歩となる。さらに、「新たな価値につなげ」るには「生涯にわたる社会生活に」活用される必要があり、古文・漢文の融合にとどまらない現代語と連環を実感することが大切であると考える。

故事成語では、「蛇足」や「矛盾」の語意を理解するうえで故事を知ることは不可欠であり、その知識を基に身近な出来事について思考し、的確に表現することが求められる。これらの教材は簡潔な文章であることが多く、現行「国語総合」における漢文教材の第一番目に配置されている。四語の筑摩書房『精選国語総合』[3]と三省堂『精選国語総合』[4]、三語の第一学習社『国語総合』[5]と教育出版『国語総合』[6]、二語の東京書籍『精選国語総合』[7]である。学習の手引きとして、現在どのような意味で用いられているか調べることを設定したものが多いが、電子辞書やインターネットで即座に答が手に入り、時間を費やすことがないため、この作業では記憶に残らない。また、短文を書かせる課題も辞書の例文などにしばられて、多くの生徒の答えが同じになり、「活用」を実感する作業にはなりにくい。そこで、日々の生活の中での「蛇足」や「塞翁馬」を見つけて説明する課題を設定すると、「テストの記述で不安から一言を加えたら減点された」、

「現地集合のマラソン大会の朝、電車の遅延混雑で地元の駅にすら入れなくて焦っていたら中止になったことをLINEで知った」など、クラスメートの共感を得るエピソードが多数でてくる。他の生徒の説明を聞きながら、故事と合致するか否かを各々が判断していて、腑に落ちる感覚や納得できない部分を質問する場面があり、その後の授業以外での会話が「それって蛇足」、「失恋した……まあ塞翁馬だから」などと変化する。これが、光源氏の口ずさむ感覚であり、清少納言の機転と通じることを確認する。なかには親から「生意気な」とコメントされたという報告もあった。故事を知ることが現実社会を分析する目を持つことにつながり、一人ひとりの発見がコミュニケーションを活発にしている例である。この種の語彙は「故事」に限らず「史話」や「史伝」の単元にも含まれており、漢文学習の一つのスタイルとして、さまざまな教材において活用が可能である。

　思想教材においても、多読が効果的であると考える。『老子』『荘子』は、一つひとつの文章を丁寧に現代語訳したとしても、「腑に落ちる」感覚を高校生が得ることは難しい。五〜十ほどを並べ、全体として道家の思想を大まかに把握し、それぞれの文章が担う説明として理解していくほうが、スムーズである。加えて、『方丈記』や『徒然草』の中から、道家的なもののとらえ方、儒家の思想の影響を受けた文章などを並べることで、受け継いだ部分と流してしまった部分とを考えることができる。そのつながりの延長線上に、生徒自身の価値観や感性があることを説明する。

　限られた授業時間数で相当数の教材を扱うために、現代語訳を確認せずに進めることを一つの方法として採用した。漢文訓読が直接翻訳である以上、句法や主語・指示語などが込み入っていなければ、訓読そのままで理解できるはずである。しかしながら、新たに担当した生徒たちは、当初、全文現代語訳にこだわった。作成したノートに、現代語訳されていない部分があると不安に感じるらしい。全文現代語訳してしまえば、その後の考察は現代語で行われてしまう。英語学習においても和訳しないことが近道であることを思い出させて、慣れさせる。この方法は、古文よりも漢文のほうが生徒には受け入れやすく、漢文での効果を実感した者が古文での実践に移るという傾向が見られた。より多くの教材を、現代語訳に頼らずに読み進めることで、漢文特有の文章構造や時制の感覚を把握することが可能になったと思われる。「合従連衡」(『史記』)や「愚公移山」(『列子』)のような他者を説得するための論理構造に、生徒自身が気づき、応用を試みるという場面もあった。古文・漢文の融合を、学習方法という観点からも検討する必要があると感じている。

六　最後に

摘句暗誦と多読の実践を通して、二〇二二年度から設置される「言語文化」や「古典探究」における古文・漢文の融合を考えた場合、各教材間にある「つながり」をどのように用意し、意識させるかが重要であると考える。多読の教材を偏りなく広く集めることがポイントとなるが、そこに困難を感じてもいる。

注

（1）高等学校学習指導要領（平成三〇年告示）解説国語篇／文部科学省
（2）内山精也（二〇〇七）「漢詩朗誦の可能性と問題点―漢文教育の視点から」『声の力と国語教育』早稲田教育叢書
（3）「借虎威」「推敲」「逆鱗」「朝三暮四」
（4）「推敲」「漁夫之利」「借虎威」「蛇足」
「漢詩」単元を挟んで「史伝」に「管鮑之交」、「故事2」に「五十歩百歩」「完璧」「塞翁馬」
（5）「漁夫之利」「借虎威」「蛇足」
「漢詩」単元を挟んで「史話」に「鶏口牛後」「先従隗始」
（6）「借虎威」「蛇足」「朝三暮四」
続く「古代の史話」に「完璧」「先従隗始」「臥薪嘗胆」
（7）「矛盾」「推敲」
続く「史伝」に「鶏鳴狗盗」
続く「寓話」に「借虎威」「漁夫之利」「塞翁馬」、「史話」に「管鮑之交」「臥薪嘗胆」

月と文学
―和歌と漢詩を中心にして―

吉田　茂

はじめに

高等学校においては二〇二二年度から年次進行で新学習指導要領が導入される。古典に限定しても、新たに「言語文化」「古典探究」という科目が設定されることとなった。「古典探究」の学習内容の一つである我が国の言語文化に関連して、「我が国の文化の特質や、我が国の文化と中国など外国の文化との関係について理解を深めること。(1)」と規定されている。この意味するところは、我が国の言語文化の形成に中国の文化が大きな影響を与えたこと、また、我が国の人々は中国の言語文化をただ継承するだけではなく、それを日本流に受容することによって我が国独自の文化を育ててきたことについて理解を深める、ということであろう。この観点に立って、以下、「月と文学」というテーマで、我が国と中国における言語文化の関係を和歌と漢詩を中心に考察したいと思う。

まず、我が国の神話に登場する月読尊《つくよみのみこと》についてまとめておくこととする。

月読尊は『日本書紀』神代上に、日の神である天照大神に続けて、「次に月神《つきのかみ》を生みたまふ。

一書に云はく、月弓尊《つくゆみのみこと》、月夜見尊《つくよみのみこと》、月読尊といふ。其の光彩《ひかり》日に亜《つ》げり。以ちて日に配《なら》べて治《し》らすべし。故、亦天《またあめ》に送りたまふ[2]」と記される。月の神とされる月読尊は、『万葉集』巻十三、三二五九に「天橋も　長くもがも　高山も　高くもがも　月読の　持てるをち水　い取り来て　君に奉《まつ》りて　をち得てしかも[3]」と詠まれ、それを飲むと若返るという霊水「をち水（変若水）」の持ち主として造形されている。この月読尊の変若水神話は、盈虧を繰り返す月の永遠性との関係から誕生したのであろう。この変若水と『竹取物語』の中で天人が月から持参した不老不死の薬とは効能は同じだが、両者の関係が不明なため、ここでは変若水神話を我が国固有のものであると想定しておく。

次に我が国の和歌に大きな影響を与えた、中国の月の桂について考えてみたい。因みに、中国の桂は、我が国でも目にするカツラ科のカツラではなく、香り高いモクセイ科の樹木と考えられている。しかし、我が国の歌人の中には黄葉が美しいカツラと考えていた者もいたようである。

一　月の桂と和歌

中国の月の桂の伝説は幾つかの文献に見られるが、ここでは唐の時代に書かれた『酉陽雑俎』前集「天咫《し》」から引用しよう。

旧言月中有桂、有蟾蜍。故異書言月桂高五百丈、下有一人常斫之、樹創随合。人姓呉、名剛、西河人。学仙有過、謫令伐樹。[4]（旧に言はく月中に桂有り、蟾蜍有り。故に異書に言はく、月桂の高さ五百丈、下に一人有りて常に之を斫《き》れども、樹創随合す。人の姓は呉、名は剛、西河の人なり。仙を学ぶれども過ち有りて、謫せられ樹を伐らしむと。）
西河（今の山西省離石）の呉剛という男が仙術を学んだものの、過ちのために流謫され、月にある五百丈（一五〇〇メートル以上）にも及ぶ桂の大木を伐らされるが、その桂は男が斧を入れてもその創口はすぐふさがってしまうというのである。
この伝承にある月の桂は、『万葉集』に次のように見える。
目には見て手には取らえぬ月の内の桂のごとき妹をいかにせむ（巻四、相聞、六三五）
湯原王（志貴皇子の子）が娘子に詠み贈った相聞歌で、恋しい娘子を手に取れぬ月の桂に見立てて恋の思いを詠んだものである。この歌は、『伊勢物語』第七十三段にも「目には見て手には取られぬ月の内の桂のごとき君にぞありける」と、結句の表現が変えられて採られている。
他に月の桂の黄葉を詠んだものに、
黄葉する時になるらし月人の桂の枝の色づくみれば（巻十、秋雑、二二〇六）
の歌があり、ここに見える「月人」は月を擬人化したものである。
この歌に触発されて詠まれたのが壬生忠岑の「久方の月の桂も秋はなほ紅葉すればや照りまさるらむ」（『古今集』秋上、一九四）の歌で、これは名歌の誉れ高く、後世に多くの派生歌を生んだ。
よひの間の月の桂のうす紅葉照るとしもなき初秋の空（鴨長明、『無名抄』）
久方の月の桂の下紅葉宿かる袖ぞ色に出でゆく（藤原定家、『拾遺愚草』秋、二三二二）
ここに引用した歌は月の桂の紅葉を詠み込んだ歌のほんの一例である。
また、月の桂はその美しい黄葉（紅葉）が詠まれたばかりでなく、紀貫之の「春霞たなびきにけり久方の月の桂も花やさくらむ」（『後撰集』春上、一八）の歌のように春咲く月の桂の花を想像したり、藤原雅経の「秋の色を払ひはててや久方の月の桂に木枯らしの風」（『新古今集』冬、六〇四）の歌のように月の桂に木枯らしの風が配されたり、しだいに歌の詠み幅が広がっていった。

月の桂は歌語として定着し、これ以後も多くの歌人に詠まれるところとなる。ここで本居宣長の「久方の月の桂も夏はまた茂りそへばや陰の涼しき」（『鈴屋集』夏、五〇五）の歌を示すまでもなく、万葉の時代から近世の時代までよみ継がれていくのである。

つまり、月の桂の伝承は中国に生まれたものだが、それを受容した我が国の歌人たちはそれを昇華し、いわば月の桂の歌の系譜を形成したのであった。

二　漢語「折桂」と成句「月の桂を折る」

漢語の「折桂」に因って、我が国ではそれを「月の桂を折る」という成句として受容した。「久方の月の桂も折るばかり家の風をも吹かせてしがな」（『拾遺集』雑上、四七三）の歌がその一例である。これは菅原道真の母が、道真十五歳元服の折、月の桂の枝を折るばかりに風を吹かせて、学問の家としての名を高めてほしいと願った歌である。因みに「月の桂を折る」とは官吏登用試験に及第して才名を上げる意である。この成句は、『晋書』郤詵《げきしん》伝の、

累遷雍州刺史。武帝於東堂会送。問詵曰、「卿自以為何如」。詵対曰、「臣挙賢良対策、為天下第一。猶桂林之一枝、崑山之片玉。(5)」（累ねて雍州刺史に遷る。武帝東堂に会送す。詵に問

ひて曰く、「卿自ら以為らく何如」と。詵対へて曰く、「臣賢良に挙げられ対策し、天下第一と為る。猶ほ桂林の一枝、崑山の片玉のごとし。」と。

の故事に因る。晋の武帝の問いに対して、詵は「私は賢良に推挙され対策の試験では、天下第一となった。だがそれは桂の林の一枝か、崑山の石の一つにすぎず、（取るに足らないものです）」と応じたのである。

この故事から生まれた「折桂」（または「桂折」）の語を用いて、中国では多くの詩人が作詩している。平安時代以降の歌人や詩人たちに大きな影響を与えた白居易もその例に漏れず、「喜敏中及第、偶示所懐（敏中の及第を喜び、偶所懐を示す）」（『白氏文集』巻十九、一二六〇）の詩で、「桂折一枝先許我　楊穿三葉尽驚人（桂一枝を折りて先づ我を許し、楊三葉を穿ちて尽く人を驚かす。〈思えば、私が進士に及第して先ず最初に世人は私を称賛し、今度の白敏中で合わせて三人も科挙に及第していずれも世人を驚かした〉）」[6]と表現し、自分と弟の行簡に続き、従弟の敏中が進士及第を果たしたことを喜んでいる。

また、母に「月の桂を折るばかり」と進士及第を願われた道真も十八歳でそれを成し遂げた。彼は「講書之後、戯寄諸進士（講書の後、戯れて諸進士に寄す）」の第一首（『菅家文草』巻一、八一）で、

我是煢煢鄭益恩　我是れ煢煢《けいけい》たる鄭益恩（私が独り子であるのは鄭益恩と同じだ）
曾経折桂不窺園　曾経《かつて》桂を折りて園を窺はず（昔対策の試験に及第して董仲舒が三年間自家の園を覗かなかったように、自分も学問に専心したものだ）

文章暗被家風誘　文章暗に家風に誘はれ（文章博士になったのは家の風に誘われたものか）
吏部偸因祖業存　吏部は偸に祖業存するに因るや（吏部となれたのは父祖の業績があったためか）[7]

と、中国の秀才たちの生き方に自己の生き方を重ね、省試の合格者を励ましているのである。

授業で「道真の左遷」（『大鏡』左大臣時平）を扱う場合が多いが、その時「月の桂を折る」の成句の意味を伝えたうえで、道真の母の歌で子の将来を願う母の身持ちを示し、さらに白居易や道真の漢詩を用いて、進士及第の難しさ、道真が十八歳の若さでそれに合格したことなどを伝えたい。そうすることで生徒たちは道具の左遷とその死を深く味わうことができるのではなかろうか。

三　月と玉兎、蟾蜍

月に兎がすむという伝承が生まれたのはいつのことだろうか。それは不明だが文献に記された古い例は、『楚辞』「天問」であろう。

夜光何徳、死則又育、厥利維何、而顧菟在腹（夜光何の徳ぞ、死すれば則ち又育す、厥《そ》の利維《こ》れ何ぞ、而して顧菟《こと》腹に在り）[8]

夜光（月）には何の徳があるのか、欠けたと思ったらまた満ちてくる、何の利があって、腹に菟を住まわせるのか、の意である。さらに『宋書』巻二一の「楽志」に引用される漢の「楽府」の一つである「董桃（逃）行」には「采取神薬若木端　玉兎長跪搗薬蝦蟆丸（神薬若木の端を采取し、玉兎長跪して薬の蝦蟆丸を搗く）」とあり、日本では兎が餅を搗《つ》いているとされるが、中国では神薬となる若木を採取し、兎が跪きながら仙薬である蝦蟆丸を搗いているとされるのである。また、後漢の『論衡』「説日」編にも「日中有三足烏、月中有兎、蟾蜍（日の中に三足の烏有り、月の中に兎、蟾蜍有り）」とあり、月には兎と蟾蜍（ひきがえる）とがすむという伝承があったことが知られる。日本でも月にすむ兎はよく知られるが、それに加えて蟾蜍がすんでいるというのである。

月にすむ蟾蜍の伝承は『淮南子』「覧冥訓」にも、

譬羿請不死之薬于西王母、羿妻姮（嫦）娥窃以奔月、帳然有喪（譬へば、羿不死の薬を西王母に請ひしに、羿の妻姮（嫦）娥窃みて以て月に奔り、悵然として喪ふ有りて）[9]

とあり、これは、羿が不死の薬の仙薬を西王母から請い受けたところ、妻の姮娥（前漢の文帝の諡「恒」を避けて嫦娥とする）がそれを盗み出して月に逃げてしまい、残された羿は失望して茫然自失するのみであった、という逸話である。

さらに『後漢書』「天文志上」が引用する張衡の『霊憲』、または唐代の書『初学記』の引用する古本『淮南子』には、次いで「托身於月、是為蟾蜍、而為月精（身を月に托し、是れ蟾蜍と為り、而して月精と為る）」と、のち嫦娥は蟾蜍に化し、月の精となったことが記されるのである。

このように月にすむ玉兎と蟾蜍、また蟾蜍と化した嫦娥のことは、唐代の詩人として良く知られる李白、杜甫、白居易、李商隠などの詩にも詠まれている。李白の「古朗月行」（『全唐詩』巻一六三）の詩は次のとおりである。

小時不識月　小時月を識らず（小さい時、月のことを知らなかった）

呼作白玉盤　呼びて白玉の盤と作す（白玉の皿と呼んでいた）
又疑瑤台鏡　又疑ふ瑤台の鏡（また思っていた、美しい玉の楼台にすむ西王母の鏡が）
飛在青雲端　飛びて青雲の端に在るや（飛んで青い雲の端に引っかかっているかと）
仙人垂両足　仙人両足を垂れ（仙人が両足を垂らしているようにも見える）
桂樹何団団　桂樹何ぞ団団たる（桂の樹がどうして茂っているのか）
白兎搗薬成　白兎薬を搗いて成り（白兎は搗いて仙薬を作り上げる）
問言与誰餐　問ひて言ふ誰とともに餐するかと（よく尋ねたものだ、誰に食べさせるのかと）
蟾蜍蝕円影　蟾蜍円影を蝕し（蟾蜍が月の円い姿を食べている）
大明夜已残　大明夜已に残す（だから大きい月明かりも夜に欠けそこなわれる）
羿昔落九烏　羿は昔九烏を落とし（羿は昔九つの太陽を射落とした）
天人清且安　天人清く且つ安し（だから天は清らかに人も安心して暮らせるようになった）
陰精此淪惑　陰精此に淪惑す（月明はここに沈み乱れている）
去去不足観　去去観るに足らず（月は遠く去ってその光を見ることはできない）
憂来其如何　憂ひ来たりて其れ如何（憂いの気持ちが起こるのをどうしたら良いのか）
凄愴摧心肝　凄愴心肝を摧《くだ》く（この痛ましさと悲しみは心と肝を粉々にする）(10)

この詩は幼い頃の月の認識から歌い出され、羿が九つの太陽を射落としたため、天上も人々の生活も平安になったという古代の伝説を語り、最後は寓意的に、玄宗皇帝の時代、安禄山と楊国忠との権力闘争によって世が乱れたため、詩人李白の心が、それに対する悲憤によって粉々に砕かれたと締め括られている。

杜甫にも蟾蜍や嫦娥を詠み込んだ「月」（『全唐詩』巻二三〇）という詩がある。

四更山吐月　四更山月を吐く（四更〈午前三時ころ〉山は月を吐き出した）
残夜水明楼　残夜の水楼に明《あきら》かなり（夜が終わろうとする頃でも楼上は月が水に反射して明るい）
塵匣元開鏡　塵匣元鏡を開く（月は塵の積もった匣を開けると見える鏡のように明るく）
風簾自上鉤　風簾自づから鉤に上る（風に揺れる簾の銀の鉤のようでもある）
兎応疑鶴髪　兎応に鶴髪を疑ふべし（兎はまさに自分の毛が鶴髪（白髪）となったと思うだろうし）
蟾亦恋貂裘《てんきゅう》　蟾も亦貂裘を恋ふるならん（蟾もまた温かさを求めてこの貂の皮衣を恋い慕うであろう）
斟酌嫦娥寡　斟酌す嫦娥寡なるを（思いやれば月にすむ嫦娥は寡婦であった）
天寒奈九秋　天寒くして九秋を奈かんせん（晩秋の寒空の中をどのように過ごすのであろうか）

晩年杜甫が夔《き》州（今の四川省奉節県）で詠んだ詩である。「鶴髪」は彼自身の白髪を含意しながら月光の白さを表し、「貂裘」の語は晩秋の月の冷澄さを想起させる。最後に夫の羿を地上に置き去りにした嫦娥の孤独と寂寞を歌うのであるが、それはそのまま詩人杜甫の孤独と寂寞でもあった。

次に晩唐の詩人、李商隠の「嫦娥」（『全唐詩』巻五四〇）を紹介しよう。

雲母屏風燭影深　雲母の屏風燭影深し（雲母の屏風に灯りが暗く映っている）

長河漸落暁星沈　長河漸く落ち暁星沈む（天の河は光を落とし、暁の明星も沈んで消えた）
嫦娥応悔偸霊薬　嫦娥応に悔ゆべし霊薬を偸みしを（嫦娥はきっと霊薬を盗んだことを悔いていることだろう）
碧海青天夜夜心　碧海青天夜夜の心（碧い海のような青い空を眺めて夜な夜な悲しんでいるだろう）

李商隠のこの詩は女性に裏切られた愛の恨みを嫦娥の伝説に託して詠んだ詩とも言われている。[11]

唐代の詩が続いたので、次に日本の漢詩、道真の「水中月（水中の月）」（『菅家文草』巻二、一一六）を見てみよう。

満足寒蟾落水心　満足せる寒蟾水心に落つ（冬の満月が池の中心に映っている）
非空非有両難尋　空に非ず有に非ず両《ふたつ》ながら尋ね難し（存在していないのか存在しているのか、その存否は定め難い）
潜行且破雲千里　潜に行きて且に破らんとす雲千里（月光は音もなく千里の彼方から雲を破って照らしてくる）
徹底終無影陸沈　底に徹りて終に影の陸沈する無し（水底まで徹って月光が消えることはない）
円似江波初鋳鏡　円《まどか》なることは江波初めて鋳る鏡に似たり（円いことは江上で初めて鋳られた鏡に似ている）
映如沙岸半披金　映りて沙岸に半ば披く金の如し（月光は沙漠の岸で半分敷きつめられた黄金のようだ）

人皆俯察雖清浄　人皆俯察して清浄と雖も（池の月を見るために人は皆俯いて清浄なる月を見ているが）

唯恨低頭夜漏深　唯恨む低頭して夜漏の深きを（唯頭を垂れて恨めしく思うのは、夜の刻《とき》が深まってしまったことだ）

「寒蟾」は寒中の蟾蜍の意で、冬の月を指す。古来、我が国では月と言えば秋の月であったが、道真のころから、日本漢詩の世界では、冬の月の美が詠まれるようになった。

このように中国の詩、日本の漢詩において玉兎や蟾蜍、さらに嫦娥が詩材となって作品が創作されたことがわかる。

四　月の顔見るは、忌むこと

ここまで月にすむ玉兎や蟾蜍にまつわる伝承に触れて、我が国の和歌や漢詩、中国の詩について見てきたが、それらはすべて月を愛でるものであった。

ところが、ここで『竹取物語』に注目すると、また別のものが見えてくる。物語の中に、

春のはじめより、かぐや姫、月のおもしろういでたるを見て、つねよりも、物思ひたるさまなり。在る人の、「月の顔見るは、忌むこと」と制しけれども、ともすれば、人間《ま》にも、月を見ては、いみじく泣きたまふ(12)。

とあり、これは側付きの者が、物思いに耽りながら月を見るかぐや姫を「月の顔見るは、忌むこと」と制する場面である。また、次の例も同様である。

かぐや姫の在る所にいたりて、見れば、なほ物思へる気色なり。これを見て、「あが仏、何事思ひたまふぞ。思すらむこと、何事ぞ」といへば、「思ふこともなし。物なむ心細くおぼゆる」といへば、翁「月な見たまひそ。これを見たまへば、物思す気色はあるぞ」といへば、

この場面でも翁が、月を見ると物思いが増すので「月を御覧になるな」と制している。このような月見の禁忌は何に因るのであろうか。これが我が国固有の俗信に因ったものか、あるいは次の白居易の「贈内（内に贈る）」（『白氏文集』巻十三、七九六）の転・結句に因るものか、あるいはそれらが混交したものか、[13]未だに決着はついていない。

漠漠闇苔新雨地　漠漠たる闇苔新雨の地（雨上がりの地一面に苔がおおいひろがり）
微微涼露欲秋天　微微たる涼露秋ならんと欲するの天（秋になろうとする時節に、白露がうっすらとおりている）
莫対月明思往事　月明に対して往事を思ふ莫れ（ところで、そなたは、月光にやたら往事を偲ばない方がよい）
損君顔色減君年　君が顔色を損じて君が年を減ぜん（そなたの容色を損ない、そなたの寿命を縮めるものだから）

また、月見の禁忌は、「月をあはれといふは忌むなりといふ人のありければ　よみ人知らず　独り寝のわびしきままに起きゐつつ月をあはれと忌みぞかねつる」（『後撰集』恋二、六八四、『小町集』三六）の歌や、『源氏物語』宿木で、匂宮が中の君に対して「今疾く参り来む。一人月な見たまひそ。心そらなればいと苦しき」と言いおいたり、さらに月を見続ける中の君に老女房が、

「今は入らせたまひね。月見は忌みはべるものを」と制したりする場面にも見られる。

月見の禁忌の由来はなお不明のままであるが、業平の「おほかたは月をもめでじこれぞこのつもれば人の老いとなるもの」（『古今集』雑上、八七九、（『伊勢物語』第八十八段にも採られる）の歌が、白居易の右の詩を踏まえたものだと考えられていることに加えて、彼が「効陶潜体詩十六首（陶潜の体に効《なら》ふ詩十六首）」の第十一（『白氏文集』巻五、二二三）の中で、「月明愁殺人（月明人を愁殺す、月明かりは私にとって胸をしめつけられる思いがし）」と詠んだこと、そして、次に示す「中秋月（中秋の月）」（同集巻十六、九九三）の詩を併せ考えると、月見の禁忌を我が国固有の俗信だと決めつけるのは性急すぎるのではないか。

「中秋月」という詩は、次のとおりである。

万里清光不可思　万里の清光思ふべからず（万里彼方を照らす清らかな月光は、我々が慕うにたえないものであって）
添愁益恨遶天涯　愁ひを添へ恨みを益して天涯を遶る（人の憂愁や遺恨をふやしながら天の果てを遶る）
誰人隴外久征戍　誰人か隴外に久しく征戍す（誰か隴山の外を守っている出征兵士）
何処庭前新別離　何処か庭前に新たに別離す（何処かの庭前で今別れたばかりの男女二人）
失寵故姫帰院夜　寵を失ふ故姫院に帰る夜（君寵を失った古参の美姫が寂しく閨に帰る夜）
没蕃老将上楼時　蕃に没する老将楼に上る時（蕃《えびす》の虜となった老将が高楼に上って故郷を望む時など）

照他幾許人腸断　幾許をか照他して人腸断たん（月はいろいろの人をさまざまに照らして断腸の悲しみにさせる）
玉兎銀蟾遠不知　玉兎銀蟾遠くして知らず（しかし、そのことは月に棲む兎や蟾蜍の全く関知するところではない）

「万里清光」、「玉兎銀蟾」は月の光、月そのものである。詩の中で月は人に愁いを添え、恨みを益すものだと詠じている。この「誰人」の「人」とは出征兵士であり、別れたばかりの男女であり、君寵を失った故姫であり、囚われの身となった老将である。すなわち月は、それを見て物思う人すべてに断腸の愁いを与えるものだとこの詩は歌っているのである。

しかし、白居易の、こうした中秋の月に対する認識は彼固有のものではなかった。晩唐の詩人である張祜の「題于越亭（越亭に題す）」（『全唐詩』巻五一一）の詩にも「腸断中秋正円月　夜来誰唱異郷歌（腸断つ中秋正円の月　夜来誰か唱ふ異郷の歌）」と詠じられていることからも、中秋の月はそれを見る人に断腸の思いを与えるもの、という考えが当時存在したことが想像される。だとすれば、月見の禁忌は白居易の「贈内」からの直接的影響だとは言い切れないだろうが、唐詩または唐代の詩人たちの考えが我が国の人々に影響を与えたとも考えることができるのではなかろうか。

おわりに

これまで「月と文学」というテーマで考察してきた結果、次のことを確認することができた。

一　中国の月の桂の伝承が奈良時代以降の和歌に影響を与えた。我が国の歌人たちはそれを昇華して秀れた歌を詠んだ。そして、月の桂の歌は近世の時代まで詠み継がれた。

二　月の桂の伝承から「折桂」「月の桂を折る」（科挙の試験に及第すること）の語が生まれ、それが漢詩や和歌に詠まれた。

三　我が国では月にすむものは兎に限定されるが、中国では兎に加えて、蟾蜍もそうであった。さらに中国では羿の妻である嫦娥が仙薬を飲んだために月に昇って蟾蜍に化したとする伝承が生まれた。その結果「玉兎」「蟾蜍」「嫦娥」が詩材となり、そこから漢詩や道真の詩などが生まれた。

四　平安時代、月（特に中秋の月）の顔を見るのは忌むこと、という考え方が存在した。その考えに白居易を始めとする唐の詩人たちの詩が影響したのではないか、ということ。

これらを総括すれば、我々の祖先は、中国の言語文化の影響を受けつつ、それを日本流に受容して新たな言語文化を形成したということである。しかし同時に、月に限定しても我が国固有のものと、中国固有のものとが存在することにも気づかされる結果となった。我が国固有のものとは変若水神話や、月にいるのは兎で、それが餅を搗いているのだという俗信であるし、一方、中国固有のものとは兎とともに蟾蜍や嫦娥の伝説があり、蟾蜍から銀蟾、金蟾、玉蟾、秋蟾、寒蟾などの月を表す言葉が派生し、それが詩材となって多くの詩が生まれたということである。

我が国においては蟾蜍への関心は低いが、中国では依然として蟾蜍への関心は高い。それはここまで触れてきた月と蟾蜍との伝説に直接関係はなかろうが、中国では今でも金運上昇や商売繁盛を願って店頭や家庭に三脚蟾蜍を飾ることからもわかる。このように蟾蜍一つとっても我が国と中国ではその扱いが異なっている。

したがって、新設される「言語文化」や「古典探究」で学ぶべきものの一つは、我が国と中国、あるいは他の国々と共通するものの見方、考え方を把握するとともに、異なるものの見方、考え方を理解すること、さらに我が国の言語文化がどのように形作られたのか、そして我々一人ひとりのアイデンティティがどのように形成されたのか、自問自答してみることであろう。また、自国の文化や自分のアイデンティティについて考えることは、他国の文化や他国の人のアイデンティティについて想像することでもあるはずである。そうした営為を通じてこそ、国を越えて多様性を認め合うことができるのではなかろうか。

ここまで「月と文学」というテーマで考察してきたが、触れ得たのは極僅かで提言らしいものはまったくないと言わざるを得ない。しかし、そのような筆者ではあるが、古代の人々が現代の我々よりも月を身近なものとして眺め、そこで感じた自分の思いや考えを和歌、漢詩、物語、いや文学に結晶させたという事実に生徒一人ひとりが気づき、さらに自分たちもそのような古代の人々の末裔として言語文化の担い手となるのだという強い自覚を持ってほしいと強く願うのである。こういうことこそが新設の「言語文化」や「古典探究」という科目で学ぶべき目標の一つではなかろうか。

注

（1）文部科学省『高等学校学習指導要領（平成30年告示）』第6　古典探究、内容、「〔知識及び技能〕（2）ア」に見える。
（2）本文は、『日本書紀①』（小島憲之ほか、新編日本古典文学全集2、小学館、一九九四）による。
（3）和歌本文は、日本文学Web図書館「和歌ライブラリー」による。筆者が適宜漢字を当てたり、濁点を付したりした。以下、引用する和歌も同様である。
（4）本文は『酉陽雑俎』（段成式撰、方南生点校、中華書局、一九八一）による。書き下しは筆者が行った。
（5）本文は『晋書』（房玄齢等撰、中華書局、一九七四）による。書き下しは筆者が行った。
（6）本文・書き下し文・現代語訳は『白氏文集』（岡村繁、新釈漢文大系98・99・100、明治書院、一九八八、一九九〇、二〇〇七）による。以下、『白氏文集』から引用した詩も同様である。
（7）本文は『菅家文草　菅家後集』（川口久雄校注、日本古典文学大系72、岩波書店、一九六六）による。書き下し、現代語訳は同書頭注を参考にして筆者が行った。以下、『菅家文草』から引用した他の漢詩も同様である。
（8）本文及び書き下し文は『楚辞』（星川清孝、新釈漢文大系34、明治書院、一九七〇）による。
（9）本文及び書き下し文は『淮南子』（楠山春樹、新釈漢文大系54、明治書院、一九七九）による。
（10）本文は『全唐詩』（上海古籍出版社、一九八六）による。書き下し、現代語訳は筆者が行った。以下、『全唐詩』から引用した詩も同様である。
（11）『李商隠』（高橋和巳、中国詩人選集15、岩波書店、一九五八）による。
（12）本文は『竹取物語　伊勢物語　大和物語　平中物語』（片桐洋一ほか、日本古典文学全集8、小学館、一九七二）による。
（13）『竹取物語全評釈（本文評釈篇）』（上坂信男、右文書院、一九九九）に「我国でも白氏文集をまたず昔から古く月はけがれたもの、恐ろしい荒魂のこもるものなどと広く民間で信じられてゐたところへ、白氏文集などの中国文献が渡来して、知識階級にもさらに浸透して行ったものであらう。」とある。

古典漢文と古文の比較文学的学習の試み
――劉邦と頼朝の英傑像を例として――

堀　誠

「漢文」をどのように読み、理解するか。いわゆる「漢文訓読」は、日本語と文章構造の違う中国の古典を、日本の古典文法に基づいて翻訳する行為ということができる。それは、漢字だけの「白文」に句読点、返り点、送り仮名を付けるといった方法で行う。「返り点」は、漢文を日本語の語順に合わせて読むための符号であり、レ点、一・二点、一・二・三点、上・中・下点、甲・乙・丙・丁点、またそれらを組み合わせたものなどがある。それらの訓点に基づいて白文を漢字仮名交じりの文にしたものを「書き下し文」と呼ぶことはいうまでもない。

高等学校の学習環境を考えるとき、現行の学習指導要領下では、小学校高学年で「易しい古文や漢詩・漢文」による導入的な学習がなされ、中学校で故事成語、漢詩（唐詩）、論語などの教材を介して具体的に読み理解する学習に発展し、高等学校の古典漢文の教材には、詩文、史伝、思想、小説など多様な教材が盛り込まれて学習を深化していく。新学習指導要領では、国語科目が一新し、「我が国の言語文化に対する理解を深める学習の充実」（文部科学省「高等学校学習指導要領改訂のポイント」）に「言語文化」「文学国語」「古典探究」が当たる。こうした変更点をも視野に入れ、いわゆる古典教材における「古文」と「漢文」の融合的な学習を意図して、日中比較文学的な視点から一つの教材の可能性を問うてみたい。

＊

古典漢文の教材の中で、司馬遷『史記』を出典とする「鴻門の会」「四面楚歌」「項王最期（項王自刎）」といったテキストは、多くの教科書に採用される定番的な教材であるが、その劉邦と項羽をめぐる漢楚興亡の正史の記載が存在するもう一方で、いわゆる稗史の空間にまた興味ある記載を見出すこともできる。

劉邦は漢楚興亡の戦いの末に前二〇二年、漢王朝を建て、秦の都咸陽の阿房宮（渭水の南岸）を基礎に新しい都城を造営し「長安」と命名した。やがて未央宮が造営され、都城はさらに拡大して「漢」の都として発展する。その建国にいたる栄光の軌跡にあって、劉邦が項羽に追撃され九死に一生を得たことを伝えた記事が存在する。北魏・酈道元撰『水経注』巻七「済水」所引の『風俗通義』佚文（漢・応劭の撰）に目を向けたい。

俗説、高祖与二項羽一戦二于京・索一、遁二于薄中一。羽追求レ之。時鳩止二鳴其上一。追之者以為必無レ人。遂得レ脱。及二即位一、異二此鳩一。故作二鳩杖一以扶レ老。

（俗説に、高祖は項羽と京・索に戦ひ、薄の中に遁る。羽　追ひて之を求む。時に鳩其の上に止まりて鳴く。追ふの者以為《おも》へらく、必ず人無し、と。遂に脱るるを得たり。即位に及び、此の鳥を異とす。故に鳩杖を作りて以て老を扶けしむ。）

項羽と京・索に戦って追撃された劉邦は、身を隠した叢薄《くさむら》の上に止まって鳴く鳩に追撃の危機を救われたという。「俗説」とはいえ、そこに現れる京・索の地に関しては、高祖二（前二〇五）年五月、滎陽に駐屯した漢王は韓信と会して兵大いに振るい、滎陽の南の京・索の間に戦ったことを正史は記す。いわゆる「京・索の戦」である。『史記』「高祖本紀」の高祖二年の条に「是を以て兵大いに滎陽に振るひ、楚を京・索の間に破る。」、『漢書』「高帝紀」上の高祖二年五月の条に「楚と滎陽の南の京・索の間に戦ひ、之を破る。」と、劉邦が項羽を破ったことを記載する。

これに対して『風俗通義』佚文の伝える劉邦が項羽に追撃されて危機を脱するとの記事は、両史書に共通する項羽を「破」ったとの記載の稗史的な意味をもつ。思うに、劉邦は結果的に項羽を打ち破りはするが、その戦いの過程で、一時的に撃退されて敗走した。「俗説」は劉邦の逃走過程における鳩の加護と「鳩杖」の由来を伝える。因みに、「鳩杖」については、『後漢書』「礼儀志」中に、

仲秋之月、県道皆案レ戸比レ民。年始七十者、授レ之以二王杖一、餔二之糜粥一。八十九十、礼有レ加レ賜。王杖長〔九〕尺、端以二鳩鳥一為レ飾。鳩者、不レ噎之鳥也。欲二老人不一レ噎。（仲秋の月、県道　皆　戸を案じ民を比す。年始めて七十なる者、之に授くるに王杖を以てし、之に糜粥を餔《あた》ふ。八十・九十、礼に賜を加ふる有り。王杖長さ〔九〕尺、端に鳩鳥を以て飾りと為す。鳩なる者は、噎ばざるの鳥なり。老人の噎ばざらんことを欲すればなり。）

とある。この鳩鳥を飾った「王杖」の由来は、鳩が「噎ばざるの鳥」であることに依るという。この「王杖」と呼称されるものの始原は『風俗通義』佚文にいう劉邦の窮地を救った鳩に源流す

るようで、まさに劉邦が即位後に老者に「鳩杖」を賜ったことこそが「王杖」の称の由来となっている。この「鳩杖」と「王杖」に関する文化史的な情報は劉邦という英傑の建国に関わる故事の考察にとって重要な意味をもつ。かつ「鳩杖」は日本にも受容されたことも確認される(1)。

＊＊

劉邦の危難を救った鳩に話題をもどせば、複数のバリエーションをもつ記載の存在が確認される。宋の『太平御覧』巻二十九所引の『三斉略〔記〕』(晋・伏琛の撰)には次のようにある。

滎陽有二免井一。漢沛公避二項羽追一、逃二於井中一。有二双鳩一、集二其上一。人云、沛公逃入レ井。羽曰、井中有レ人、鳩不レ集二其上一。遂下レ道、沛公遂免レ難。後漢世元日放鳩。蓋為レ此。

(滎陽に免井有り。漢の沛公(劉邦)項羽の追ふを避け、井中に逃る。双鳩有り、其の上に集《とま》る。人云ふ、沛公逃れて井に入る、と。羽曰く、井中に人有らば、鳩其の上に集らず、と。遂に道を下り、沛公遂に難を免る。後　漢の世　元日に放鳩す。蓋し此の為なり。)

項羽の吐いた「井中に人有らば、鳩其の上に集らず」とのことばが印象的である。それは『風俗通義』佚文にいう「時に鳩其の上に止まりて鳴く。追ふの者以為へらく、必ず人無し、と。」との推断に連なる項羽自身の言辞といってよい。また同じく宋の『太平広記』巻百三十五所引の『小説』(南朝宋の殷芸の撰)には、次のようにある。

滎陽南原上有二厄井一。父老云、漢高祖曽避二項羽於此井一、為二双鳩所レ救〔為二双鳩一所レ救〕。故俗語云、漢祖避二時難一、隠二身厄井間一。双鳩集二其上一、誰知下有レ人。漢朝毎二正旦一、輒放二双鳩一、起二於此一。

（滎陽の南原上に厄井有り。父老云ふ、漢の高祖曽て項羽を此の井に避け、双鳩の救ふ所と為る〔双鳩の為に救はる〕、と。故より俗に語りて云ふ、漢祖　時難を避け、身を厄井の間に隠す。双鳩其の上に集れば、誰か下に人有るを知らんや、と。漢朝　正旦毎に、輒ち双鳩を放つは、此に起こる。）

「双鳩」は単に二羽をいうのではなく、つがいの鳩を意味しよう。「双鳩其の上に集まれば、誰か下に人有るを知るらんや」は、羽数に異同があるものの『三斉略〔記〕』の「井中に人有らば、鳩其の上に集らず」の言辞に通ずる記載である。

井戸の名称に着眼してみれば、「免井」といい、「厄井」という。「免井」は、危難を免れた井戸、「厄井」も災厄に遭った、あるいは災厄を逃れた井戸を意味する。父老、世俗の人々の相承であると同時に、いずれもが漢王朝における元旦の放鳩の起源となることを記している。ここに記される漢王朝の「放鳩」は、仏教伝来前のことで、その「放生」の精神に根差した行為とは異なる性質のものである。それは、漢王朝を建国した高祖劉邦の絶命のピンチを救済した鳩の功業を顕彰し、末永くその大恩に謝して忘れぬとの趣旨に基づくものである。

しかも、その救難の鳩は止まって鳴くものばかりではなかった。明の『説郛』（宛委山堂蔵版）弓第六十所引の『西征記』（晋の戴祚の撰）に目を向けてみる。

板渚津、津南原上有二厄井一。父老云、漢祖与レ楚戦敗走。逃走、逃二此井一。追軍至、見下両鳩従二井中一出上。故得レ免レ厄。因名二厄井一。

（板渚津、津の南原上に厄井有り。父老云ふ、漢祖　楚と戦ひて敗走す。逃走して、此の井に逃る。追軍至るに、両鳩の井中従《よ》り出づるを見る。故に厄を免るるを得たり。因りて厄井と名づく。）

「厄井」の名称はすでに見えたが、その井戸の所在地は、滎陽といい、滎陽の南原上ともいい、ここでは板渚津（河南省汜水県の東）の南原上という。そして、追っ手が到着したとき、井戸の中から鳩が飛び出したというのである。鳩は追っ手のものものしさに驚き、にわかに飛び出したものでもあろう。この鳩の飛び出すさまを目撃した者は、よもや直前に井中に人が逃げ込んだとは思うまい。清の『淵鑑類函』巻三十四「地部」「井二」所引の『郡国志』（晋・袁山松撰）にもほぼ同様の記載がある。

以上は鳩のみの所伝であるが、鳩に加えて蜘蛛が関わる記事も存在する。宋の『太平御覧』巻百八十九所引の『郡国誌《ママ》』には次のような記載がある。

堯井、在㆓汜水県東十五里㆒。漢高祖敗、項羽追㆑之、入㆓此井㆒得㆑免。見㆓井中㆒、有㆓双鳩飛出㆒、有㆓蜘蛛網㆒。因而得㆑免。

（堯井は、汜水県の東十五里に在り。漢の高祖敗れ、項羽　之を追ふに、此の井に入りて免るるを得たり。井中を見るに、双鳩の飛び出す有り、蜘蛛の網有り。因りて免るるを得たり。）

項羽に敗れた劉邦は、この井戸に逃げ入って追撃を免れることができたという。その際、井中から二羽の鳩が飛び出し、かつ蜘蛛が巣を張った。そのさまを目の当たりにした項羽には、井戸を疑う余地はあるまい。井名を「堯井」とするが、「在汜水県東十五里」の所在からすれば、厄井・免井に連なる相承である。加えて、清朝に纂修された地方志である『滎陽県志』に載る次の記載である。

厄井在二県東北二十五里一。漢高祖与レ楚戦敗、遁二匿此井一。鳩鳴二其上一、蜘蛛網二其口一。追者至、以為無レ人、遂去。漢高祖因得レ脱。今井旁有二高帝廟一。井在二神座下一。俗称二蜘蛛井一。

（厄井は県の東北二十五里に在り。漢の高祖　楚と戦ひ敗れ、此の井に遁れ匿る。鳩　其の上に鳴き、蜘蛛　其の口に網す。追ふ者至りて、以為へらく、人無し、と。遂に去る。漢の高祖　因りて脱るるを得たり。今　井の旁に高帝廟有り。井は神座の下に在り。俗に蜘蛛井と称す。）

井戸の上に鳩が鳴き、蜘蛛がその口に巣をかける。高帝廟は追っ手の厄難を逃れ得た劉邦を顕彰する廟宇に違いなく、その神座の下に井戸があるという。この「厄井」の俗称「蜘蛛井」は、むしろその厄難を救った蜘蛛に着眼した呼称でもあろう。

以上の通り、鳩、鳩と蜘蛛という小動物が関わる記載が複数存在する。所伝としては、佚文とはいえ成書年代の早い『風俗通義』の鳩の例が先行するのか。鳩の動静や羽数、蜘蛛との連動など異同が少なくないが、何よりも興味深いのは、鳩が井戸の上に鳴き、あるいは飛び出し、蜘蛛が井戸の口にみごとに巣をかけるという重層的な記事である。追っ手の目を欺くのは、一つに鳩であり、また一つに蜘蛛の巣であり、両者が二重に目くらましの役を担ったことが明白である。両者を備えた『郡国誌』や『滎陽県志』のごときは、その一類の稗史の中でも妙味ある記載といえる。

劉邦の救難脱出にまつわる類似する記載であるが、その記載のどこにいかなる異同があるか。

それぞれにどのように返り点を付けて、どのように書き下すか。微妙なバリエーションの中で、いわゆる訓読の方法を模索しつつ対比的に的確に読むことは学習者の漢文を読むスキルの上達に有効であるように考える。

＊＊＊

井戸や洞穴などの遮蔽された空間に身を隠し、息をひそめて追っ手をやり過ごす。日本においても、身を隠す危難の中で、鳩と蜘蛛に救われた英傑があったことも想起される。『平家物語』諸本の中で、いわゆる読み物系テキストの『源平盛衰記』巻二十一「兵衛佐臥木に隠る附梶原佐殿を助くる事」には、源頼朝の世に名高い臥木（伏木）隠れの話題が展開する。

旗揚げ直後の石橋山の合戦で敗れ、わずかな手勢で敗走の憂き目に遭った佐殿（頼朝）は、土肥の椙山に入り、やがて鵄《とび》の岩やという谷に降りてゆく。見渡せば、七八人ほどが入れる大きな臥木がある。佐殿に従ってその臥木の天河《うつぼ》に隠れた者は、土肥次郎実平、同男遠平、新開次郎忠氏、土屋三郎宗遠、岡崎四郎義真、藤九郎盛長の面々。その臥木の中で、盛長が、主従七騎の山籠りのめでたい先蹤を語って聞かせれば、

兵衛佐憑《たのも》しく思して、八幡大菩薩をぞ心の内には念じ給ひけり。

という折も折、入りこんできたのが大将頼朝を逃すべく高木の上で散々に射て、ついに矢種のつきた田代冠者信綱であった。佐殿と頬《つら》を合わせて、どうしたものかと嘆くところに、平家方の大場《（庭）》・曾我・俣野・梶原の大捜索がはじまる。

大場・曽我・俣野・梶原三千騎山踏みして、木の本、萱の中に、乱れ散つて尋ねけれど見えざりけり。大場、伏《(臥)》木の上に登つて、弓杖《ゆんづゑ》をつき、踏みまたがりて、「正《まさ》しく佐殿はここまでおはしつるものを。臥木不審なり。空《うつぼ》に入つて捜せ、者共」と下知しけるに、大場がいとこに平三景時進み出でて、弓脇にはさみ、太刀に手かけて、伏木の中につと入り、佐殿と景時と真向《まつこう》に居向かひて、互に眼を見合せたり。

臥木の密室空間で景時と佐殿が遭遇する。その瞬間に何が起きたか。

佐殿は、今は限りなり、景時が手に懸りぬと思しければ、急ぎ案じて、降《かう》をや乞ふ、自害をやすると思しけるが、如何《いかが》景時程の者に降をば乞ふべき。自害と思ひ定めて、腰の刀に手をかけ給ふ。景時哀れに見奉りて、「暫く相待ち給へ、助け奉るべし。軍《いくさ》に勝ち給ひたらば、公《きみ》忘れ給ふな。もし又、敵の手に懸り給ひたらば、草の蔭までも景時が弓矢の冥加《みやうが》と守り給へ」と申しも果てねば、蜘蛛の糸さと天河《うつぼ》に引きたりけり。景時不思議と思ひければ、かの蜘蛛の糸を、弓の筈・兜の鉢に引き懸けて、暇《いとま》申して臥木の口へ出でにけり。

「今は限りなり」と覚悟を決めた頼朝を哀れに見て、瞬時になされた故意の見逃し。景時は不思議と思いつつ天河にかかった蜘蛛の糸を弓の筈や兜の鉢にかけて外に出る。頼朝は、

佐殿然るべき事と思しながら、掌《たなごころ》をあはせ、景時が後貌《うしろがほ》を、三度拝して、我世にあらば、その恩を忘れじ。縦《たと》ひ亡びたりとも、七代までは守らんとぞ心中に誓はれける。後に思へば、景時が為には、忝《かたじけな》しとぞ覚えたる。

と深く恩義に感じ入る一方、自陣に戻る景時。

平三、臥木の口に立ち塞がりて、弓杖を突きて申しけるは、「この内には、蟻・螻蛄《けら》もなし。蝙蝠は多く騒ぎ飛び侍り。土肥の真鶴《まなづる》を見遣れば、武者七八騎見えたり。一定《いちぢやう》佐殿にこそと覚ゆ。あれを追へ。」とぞ下知しける。

しかるに、なおも不審がる大場。

大場見遣って、「彼も佐殿にてはおはせず。如何にも臥木の底不審なり。斧《をの》・鉞《まさかり》を取り寄せて切り破《わ》って見るべし」と言ひけるが、「それも時刻を移すべし。よしよし景親入りて捜してみん」とて臥木より飛下りて、弓脇ばさみ、太刀に手かけて、天河の中に入らんとしけるを、

自ら入らんとする大場に対して、平三景時は前に立ち塞がって、自分に不審を抱くかとやり返す。

平三立ち塞がり、太刀に手懸けて言ひけるは、「やや、大場殿。当時平家の御代なり。源氏軍に負けて落ちぬ。誰人か源氏の大将軍の首取つて、平家の見参に入れて、世にあらんと思はぬ者あるべきか。御辺《ごへん》に劣つてこの臥木を捜すべきか。景時に不審をなしてさがさんと宣はば、我々二心ある者とや。兼ねて人の隠れたらんに、かく兜の鉢、弓の筈に蜘蛛の糸懸《かか》るべしや。これを猶も不審して思ひけがされんには、生きても面目なし。誰人にもさがさすまじ。この上に押してさがす人あらば、思ひ切りなん。景時は」と言ひければ、大場もさすが入らざりけるが、

兜の鉢や弓の筈に懸かった蜘蛛の糸を盾に弁じ立てる景時に、さすがの大場も入るのを思いとどまるが、悔し紛れに弓を差し入れる。

猶も心にかかりて弓を差入れて打振りつつ、からりからりと二三度さぐり廻しければ、佐殿の鎧の袖にぞ当りける。深く八幡大菩薩を祈念し給ひける験《しるし》にや、臥木の中より山鳩二羽飛び出でて、はたはたと羽《は》打《う》して出でたりけるにこそ、「佐殿内におはせんには、鳩あるまじ」とは思ひけれども、如何にも不審なりければ、「斧・鉞を取り寄せて切つて見ん」と言ひけるに、さしも晴れたる大空俄かに黒雲引き覆ひ、雷《いかづち》おびただしく鳴り廻つて、大雨頻《しきり》に降りければ、雨やみて後破《わ》つて見るべしとて、杉山を引き返しけるが、大きなる石のありけるを、七八人して倒し寄せ、臥木の口に立塞ぎてぞ帰りにける。

大場の回した弓が頼朝の鎧の袖にあたる、とその瞬間、飛び出した二羽の山鳩。山鳩こそ「深く八幡大菩薩を祈念し給ひける験にや」という八幡神の使者に他ならない。羽打ちして飛ぶ山鳩の出現に、大場が「佐殿内におはせんには、鳩あるまじ」と思う胸中は、劉邦を追う項羽の「井中に人有らば、鳩其の上に集らず」との『三斉略〔記〕』流の推断に重なるものがなかろうか。

＊＊＊＊

かくて臥木隠れの危機を脱する頼朝であるが、天河にさっと張った蜘蛛の糸は景時の潔白を証する材料として機能し、なおも執拗に臥木を疑う大場の弓に応じて出現した山鳩二羽はまさに頼朝を窮地から救う。身の危険はひとたび回避されたが、果たして逃げのび得るのか。『源平盛衰記』には、この後に「聖徳太子椋《むく》の木《き》附天武天皇榎木《えのき》の事」を用意して、木の空洞で危難を逃れた先人の類話を挙げる。すなわち、第一に挙げたのは、聖徳太子が物部守屋と戦って敗れたとき、

「道に大きなる椋の木あり。二つにわれて太子と馬とを木の空《うつぼ》に隠し奉り、その木すなはち愈え合ひて、太子を助け奉」ったという話であり、第二に挙げるのは、天武天皇が壬申の乱に際して「かたはらに大きなる榎の木あり。二つにわれて天武を天河《うつぼ》に隠し奉つて、後に（大伴）王子を亡ぼして」即位に及んだという話である。

まさしく樹木の洞に危険を救われた有難き先例であり、頼朝の救難を暗示する話といえる。島津久基『羅生門の鬼』(2)所載の「伏木隠れ」は、まさに『源平盛衰記』に見えるこの頼朝救難の一節を話題とする。これらの例をとらえるとともに、「それよりももっと頼朝の伏木隠れにさながらの伝説は、蒙古成吉思汗《ジンギスカン》の上にも語られ、又、蜘蛛の糸の件は、スコットランド王ロバート＝ブルースの有名な逸話を想出させる。」と指摘し、さらに「植物、特に樹木の空洞に危難を救われるというモーティウでは、聖徳太子・天武天皇・頼朝・成吉思汗皆一致し、又動物、特につばさのある小動物を、消極的なり積極的なり何等か神秘的な加護の表徴として徳とするモーティウでは、頼朝の山鳩、成吉思汗の梟、余古大夫の蜂（異型としてブルース王の蜘蛛）が相応じている。」と指摘する。

いわゆる「動物」の内、蜘蛛に関していえば、中国においては、宋・趙葵の『行営雑録』に、宋王朝の建国に際して、いわゆる陳橋の変（九六〇）で趙匡胤が推戴された時、寺廟で斎を設けていた周の太后と幼主は、捜索の手を逃れるべく、和尚の助けによって閣中に身を潜める。すると、門の錠に蜘蛛が大いに巣を張ったので、捜索の兵馬は見過ごし、事無きを得たと伝える。

政変劇にあって、追われる者への蜘蛛の冥加を伝えた一話でもあるが、『源平盛衰記』における天河に張った蜘蛛の糸に加えて、山鳩二羽の出現。鳩は八幡神の使者であり、天河の中で一心に八幡大菩薩を祈念する佐殿への応験であると説くが、景時が不思議と思った蜘蛛の糸も神のなせる加護のわざか。

手に汗握るスリリングな一節であるが、鳩に関しては、『源平盛衰記』巻二十「八牧夜討の事」に「同（治承四年）八月十五日、国々八幡の放生会も過ぎぬ。」と見え、『吾妻鏡』治承四年八月十六日の条の中には「十八日は、御幼稚の当初より、正観音の像を安置し奉り、放生を専らにせらるる事、多年を歴るなり、今更之を犯し難し。」との記載さえ存在する。この頼朝における放生と、劉邦の建てた漢王朝における放鳩と鳩杖。八幡神の使いである山鳩は、劉邦を救難した鳩に通じる。佐殿にとって、漢の高祖は遠く異朝の人とはいえ、天下統一の大いなる先駆者であったから、とりわけ鳩の冥加を語りその境涯を重ねることに大いなる意味があることは想像に難くない。記事としては、蜘蛛こそ登場しないが、山鳩二羽にこだわれば、双鳩が井上に鳴く『小説』あたりが受容の源泉か。該書は藤原佐世の『日本国見在書目録』にも著録されるが、鳩と蜘蛛が関わるとなれば、双鳩が飛びだす『郡国誌』の記載はとりわけ『源平盛衰記』に通じるものがある。また見逃しの推断の言辞では『三斉略〔記〕』が似るか。いずれにしても、八幡信仰が基底にあればこそ、劉邦の救難に関わるモチーフが格好最適の材と発想されたに相違ない。

かくて『源平盛衰記』は「兵衛佐臥木に隠る附梶原佐殿を助くる事」の直前の「高綱姓名を賜はる事」に「紀信高祖の名を仮る事」なる中国故事を附帯させ、劉邦の身代わりとなって死んだ紀信を引いて劉邦の像を頼朝に投じ、石橋山敗戦後の「臥木隠れ」の後段には「聖徳太子椋の木附天武天皇榎木の事」を用意して、木の空洞で危難を逃れた聖徳太子と天武天皇の先蹤話を挙げて、頼朝の救難を暗示した。

頼朝の臥木隠れの話容は、常套的な故事的引用の手段は取らず、不可視の内に、劉邦ゆかりの救難の故事を換骨奪胎して、雄飛に転ずる英傑像を案出したといえまいか。江戸末の岡田挺之の『彼此合符』は、この『源平盛衰記』の記事に対して、『風俗通義』佚文（『芸文類聚』から引く）を配列して、日中好一対の事象とする。しかるに、それは単に類比類似する事象であったのではなく、中国故事の日本的受容の痕跡を孕んだものであったと考える。(3)

劉邦の救難にまつわる稗史の読解を承けて、頼朝の話譚における中国の学問文化の摂取と受容を多角的に考察思考するに足る。漢文と古文を対比的に学び、中国からの文学的な受容を探る一つの教材としての可能性を提言してまとめとしたい。

注

（1）矢野憲一（一九九八）『杖』（法政大学出版局）第三章「杖の民俗学」の「お祝いの杖」「宮中杖と殿中杖」「鳩の杖」を参照。日中の鳩杖に関する考察を展開する。

（2）昭和四年六月、新潮社刊。「国民伝説二十三話」と副題する。一九七五年三月、平凡社刊の「東洋文庫（二六九）」版による。

（3）堀誠（二〇一五）「劉邦と頼朝―『源平盛衰記』椙山臥木救難考―」（『日中比較文学叢考』所載、研文出版）の論考を参照いただければ幸いである。

「早稲田教育ブックレット」№.24刊行に寄せて

町田　守弘

早稲田大学教育総合研究所は、講演会・シンポジウム・研修会等の開催、研究部会による研究推進の支援、「所報」「早稲田教育評論」「早稲田教育叢書」「早稲田教育ブックレット」等の刊行物の編纂・発行を中心に活動を展開しております。この中で研究部会においては、それぞれの部会ごとに教育に関わる今日的な課題を研究テーマに掲げて、意欲的な活動を展開しております。二〇一九年度には十五の部会が精力的な活動を展開いたしましたが、本書は、その中の「中・高国語科を中心とした古典（古文・漢文）の融合的学習教材の研究」を取り上げた部会の主な研究成果をもとにまとめたものです。

国立教育政策研究所の調査結果では、古典が好きだとは思わない学習者が多く、彼らの「古典嫌い」の実態が明らかになりました。この実情を踏まえたうえで、学習者の興味・関心を喚起するために、どのような教材を開発し、どのような授業を創造すればよいのかを考えることは、きわめて重要な古典教育の課題であるはずです。

折しも二〇一八年には高等学校の次期学習指導要領が告示され、まったく新しい科目が登場することになりますが、特に「言語文化」や「古典探究」の扱い方が問われることになるはずです。本書には、古文と漢文の融合的な学びという観点から、さまざまな可能性が追究された魅力的な研究成果が提示されていて、今後の可能性を拓く内容になっていると思います。

有意義な研究を展開された研究部会の構成員の皆さん、特に本ブックレットにご執筆いただいた方々、編集・刊行に際してお世話になった方々に、深甚なる謝意を表します。これからも教育総合研究所では、研究部会の活動の支援を続けてゆく所存です。充実した研究成果を大いに期待しております。

（早稲田大学教育総合研究所　所長）

著者略歴（2020年３月現在）

福家　俊幸（ふくや　としゆき）
早稲田大学教育・総合科学学術院教授（国語国文学科）、博士（文学）
専攻領域：平安文学
著書・論文：『紫式部日記の表現世界と方法』（二〇〇六年、武蔵野書院）、『更級日記全注釈』（角川学芸出版、二〇一五年）、『藤原彰子の文化圏と文学世界』（共編著、二〇一八年、武蔵野書院）

李　軍（り　じゅん）
早稲田大学教育・総合科学学術院講師（大学院教育学研究科高度教職実践専攻）、博士（教育学）
専攻領域：国語教育・日中国語教育比較研究
著書・論文：『日中漢字文化をいかした漢字・語彙指導法』（二〇一六年、早稲田大学出版部）、「中国における創作指導の新動向――『材料作文』を中心に」（『中学校・高等学校文学創作の学習指導』Ｖ・第三章、二〇一八年、溪水社）、「模擬授業の意義とその構築」（『実践国語科教育法　第三版』第十二章、二〇一九年、学文社）

政岡　依子（まさおか　よりこ）
成蹊中学・高等学校教諭
専攻領域：国語教育（漢文教育の方法）
著書・論文：「漢文教育における漢字・漢語の発展的習得」（『漢字・漢語・漢文の教育と指導』第四章、二〇一一年、学文社）、「Komichi Biblio Cafe Report」（『成蹊論叢』第54・55号、二〇一八年・二〇一九年）

吉田　茂（よしだ　しげる）
早稲田大学大学院教育学研究科高度教職実践専攻非常勤講師。元早稲田大学本庄高等学院長
専攻領域：平安文学・国語教育
著書・論文：『経衡集全釈』（私家集全釈叢書30、二〇〇二年、風間書房）、『四条宮下野集　注釈と研究』（一九八六年、桜楓社）、「『源頼実集』注釈稿上、下」（共同執筆、早稲田大学本庄高等学院研究紀要『教育と研究』36・37、二〇一八年・二〇一九年）

堀　誠（ほり　まこと）
早稲田大学教育・総合科学学術院教授（国語国文学科）、博士（学術）
専攻領域：中国文学・日中比較文学
著書・論文：『日中比較文学叢考』（二〇一五年、研文出版）、『漢字・漢語・漢文の教育と指導』（編著、二〇一一年、学文社）、『古典「漢文」の教材研究』（編著、二〇一八年、学文社）